DE ZERO A HERÓI NO DROPSHIPPING COM O SHOPIFY: TUDO O QUE PRECISA SABER PARA TER SUCESSO EM 2024

Sébastien JULLIARD BESSON – Digital Workout 2023

Traduza da obra original em francês « De Zéro à Héros du Dropshipping avec Shopify : Tout ce que vous devez savoir pour réussir »

PREFÁCIO

Em um mundo onde a digitalização transformou nossa maneira de viver, trabalhar e fazer negócios, o comércio online se tornou uma força imparável. No centro dessa revolução está o dropshipping, um método de venda online que permitiu a milhares de empreendedores iniciar seus próprios negócios com um investimento mínimo. É nesse contexto que tenho o prazer de apresentar a vocês este treinamento, intitulado 'E-commerce em Dropshipping com Shopify'.

Meu nome é Sébastien JULLIARD-BESSON, e sou um especialista em comércio eletrônico com mais de 15 anos de experiência no campo. Como Gerente de Projetos Web, tive a oportunidade de trabalhar em uma infinidade de projetos de comércio online e adquiri um conhecimento profundo dos desafios e oportunidades nesse setor em constante evolução. É essa experiência que quis compartilhar com vocês por meio deste treinamento.

Este treinamento foi elaborado como um guia abrangente para ajudá-los a navegar no mundo do dropshipping com o Shopify. Ele é dividido em 21 capítulos, cada um focado em um aspecto diferente do processo. Vocês começarão com uma introdução ao dropshipping antes de mergulhar nos detalhes da criação e gestão de uma loja Shopify.

Aprenderão como escolher um nicho para sua loja, encontrar fornecedores de dropshipping confiáveis e adicionar produtos de forma eficaz à sua loja. Também descobrirão como configurar as opções de pagamento e envio, escolher e personalizar um tema para sua loja e otimizá-la para SEO.

No entanto, criar uma loja online bem-sucedida não se resume apenas aos aspectos técnicos. Por isso, este treinamento também aborda tópicos como marketing, atendimento ao cliente e análise de desempenho. Vocês aprenderão como criar uma estratégia de marketing eficaz, usar o marketing por e-mail e mídias sociais para atrair e reter clientes e oferecer um excelente atendimento ao cliente. Também aprenderão como lidar com devoluções, reembolsos e avaliações de clientes, além de como usar o remarketing para aumentar as vendas.

Em última análise, este treinamento tem como objetivo proporcionar a vocês uma compreensão abrangente do dropshipping com o Shopify e equipá-los com as ferramentas e conhecimentos necessários para obter sucesso. Sejam vocês iniciantes ou tenham alguma experiência no comércio online, tenho certeza de que encontrarão informações valiosas e conselhos práticos neste treinamento.

Desejo-lhes uma leitura enriquecedora e uma jornada de dropshipping bem-sucedida,

Sébastien JULLIARD-BESSON

CAPÍTULO 1: INTRODUÇÃO AO DROPSHIPPING

1. O que é o dropshipping?
2. Por que o dropshipping é popular?
3. Como começar um negócio de dropshipping?
4. Os benefícios do dropshipping
5. Desafios do dropshipping
6. Conclusão

CAPÍTULO 2: ENTENDER O SHOPIFY

1. O que é o Shopify?
2. Como funciona o Shopify?
3. As Vantagens do Shopify
4. Como começar com o Shopify para Dropshipping
5. Shopify e o Dropshipping

CAPÍTULO 3: COMO CRIAR UMA LOJA SHOPIFY

1. Etapa 1: Cadastro no Shopify
2. Etapa 2: Configuração da sua loja
3. Etapa 3: Adição de produtos
4. Etapa 4: Configuração de parâmetros de pagamento e envio
5. Etapa 5: Escolha e personalização de um tema para sua loja
6. Etapa 6: Otimização da sua loja para SEO
7. Etapa 7: Configuração do Google Analytics e Facebook Pixel
8. Etapa 8: Lançamento da sua loja Shopify
9. Conclusão: Lançamento bem-sucedido da sua loja Shopify

CAPÍTULO 4: COMO ESCOLHER UM NICHO PARA SUA LOJA SHOPIFY

1. Entendendo o que é um nicho
2. Por que escolher um nicho é importante para a sua loja Shopify
3. Como identificar um nicho lucrativo
4. Fatores a serem considerados ao escolher um nicho
5. Ferramentas para ajudá-lo a encontrar um nicho
6. Como validar sua ideia de nicho
7. Conclusão

CAPÍTULO 5: COMO ENCONTRAR FORNECEDORES DE DROPSHIPPING

1. Compreender o papel dos fornecedores no dropshipping

2.   Diferentes plataformas para encontrar fornecedores
3.   Como entrar em contato com os fornecedores
4.   Como negociar com os fornecedores
5.   Erros a evitar ao selecionar fornecedores
6.   Dicas adicionais para encontrar fornecedores de dropshipping
7.   Conclusão

CAPÍTULO 6: COMO ADICIONAR PRODUTOS À SUA LOJA SHOPIFY

1.   Adicionar produtos via Shopify
2.   Adicionar produtos via aplicativo móvel Shopify
3.   Adicionar produtos em massa
4.   Gerenciamento de produtos digitais
5.   Uso da API do Shopify
6.   Adição de produtos através de plugins de plataformas dedicadas ao dropshipping
7.   Conclusão

CAPÍTULO 7: COMO CONFIGURAR AS CONFIGURAÇÕES DE PAGAMENTO E ENVIO NO SHOPIFY

1.   Configurando as configurações de pagamento no Shopify
2.   Configurando as configurações de envio no Shopify

CAPÍTULO 8: COMO ESCOLHER E PERSONALIZAR UM TEMA PARA A SUA LOJA SHOPIFY

1.   Porque a escolha do tema é crucial para a sua loja Shopify
2.   Como escolher o tema certo para a sua loja Shopify
3.   Como personalizar o seu tema Shopify
4.   Melhores práticas para personalização de temas
5.   Conclusão

CAPÍTULO 9: COMO OTIMIZAR SUA LOJA SHOPIFY PARA SEO

1.   Introdução à otimização de SEO para Shopify
2.   Importância do SEO para sua loja Shopify
3.   Como adicionar palavras-chave para SEO na Shopify
4.   Otimização do site para SEO
5.   Checklist de SEO para lojas online na Shopify
6.   Conclusão

CAPÍTULO 10: COMO CONFIGURAR O GOOGLE ANALYTICS E O

FACEBOOK PIXEL PARA A SUA LOJA SHOPIFY

1. Configurando o Google Analytics
2. Configurando o Facebook Pixel
3. Conclusão

CAPÍTULO 11: COMO CRIAR UMA ESTRATÉGIA DE MARKETING PARA A SUA LOJA SHOPIFY

1. Etapa 1: Análise da situação
2. Etapa 2: Definir o seu público-alvo
3. Etapa 3: Estabelecer os seus objetivos de marketing
4. Etapa 4: Escolher os seus canais de marketing
5. Etapa 5: Análise do impacto
6. Etapa 6: Revisão e ajuste

CAPÍTULO 12: COMO USAR O MARKETING POR E-MAIL E O MARKETING EM REDES SOCIAIS PARA A SUA LOJA SHOPIFY

1. Marketing por e-mail para sua loja Shopify
2. Marketing nas redes sociais para a sua loja Shopify
3. Conclusão

CAPÍTULO 13: COMO USAR O MARKETING DE INFLUÊNCIA E PUBLICIDADE PAGA PARA SUA LOJA SHOPIFY

1. Seção 1: Marketing de influência
2. Seção 2: Publicidade paga
3. Conclusão

CAPÍTULO 14: COMO FORNECER UM EXCELENTE ATENDIMENTO AO CLIENTE EM SUA LOJA SHOPIFY

1. Compreender as Expectativas dos Clientes
2. Estabelecimento de Canais de Comunicação Eficazes
3. Responder às Solicitações e Reclamações dos Clientes
4. Gerenciamento de Devoluções e Reembolsos
5. Personalização da Experiência do Cliente
6. Construção da Fidelidade do Cliente
7. Medição da Satisfação do Cliente
8. Estudos de Caso de Lojas Shopify de Sucesso com Excelente Atendimento ao Cliente
9. Conclusão

CAPÍTULO 15: COMO GERIR DEVOLUÇÕES, REEMBOLSOS E AVALIAÇÕES DE CLIENTES NA SUA LOJA SHOPIFY

1. Gestão de devoluções e reembolsos
2. Gestão de avaliações de clientes
3. Conclusão

CAPÍTULO 16: COMO AUMENTAR O VALOR MÉDIO DOS PEDIDOS E A TAXA DE CONVERSÃO NA SUA LOJA SHOPIFY

1. Aumentar o valor médio dos pedidos
2. Aumentar a taxa de conversão
3. Conclusão

CAPÍTULO 17: COMO USAR O REMARKETING PARA AUMENTAR AS VENDAS NA SUA LOJA SHOPIFY

1. O que é remarketing?
2. Por que o remarketing é importante para sua loja Shopify?
3. Como implementar uma estratégia de remarketing para sua loja Shopify?
4. Exemplos de estratégias de remarketing eficazes para lojas Shopify na França
5. Considerações finais

CAPÍTULO 18: COMO ANALISAR E OTIMIZAR O DESEMPENHO DA SUA LOJA SHOPIFY

1. Introdução à análise e otimização de desempenho
2. Coleta de dados na sua loja Shopify
3. Análise do tráfego e comportamento dos visitantes
4. Avaliação do desempenho dos produtos
5. Otimização da experiência do utilizador
6. Análise do desempenho de marketing
7. Utilização de dados para tomada de decisões estratégicas
8. Conclusão

CAPÍTULO 19: COMO GERIR O CRESCIMENTO E OS DESAFIOS DA GESTÃO DE UMA LOJA SHOPIFY

1. Gestão de inventário e fornecedores
2. Manutenção da qualidade do serviço ao cliente
3. Gestão de devoluções e reembolsos

CAPÍTULO 1: INTRODUÇÃO AO DROPSHIPPING

1. O que é o dropshipping?

O dropshipping é um modelo de negócios de comércio eletrônico que revolucionou a forma como os produtos são vendidos e distribuídos. No modelo tradicional de comércio eletrônico, um varejista precisa comprar estoques, armazená-los em um depósito e depois enviá-los aos clientes quando fazem um pedido. Isso requer um investimento inicial significativo em estoques e espaço de armazenamento, bem como uma gestão contínua de inventário e envios. No entanto, com o dropshipping, o varejista não precisa gerenciar inventário ou envios. Em vez disso, eles se associam a um dropshipper - um atacadista que mantém seus próprios produtos em estoque. Quando um cliente faz um pedido, o varejista repassa os detalhes do pedido ao dropshipper, que envia o produto diretamente ao cliente. O varejista nunca precisa manusear o produto pessoalmente. Isso significa que o custo inicial de iniciar um negócio de dropshipping é muito menor do que o de um negócio de comércio eletrônico tradicional. Além disso, como o varejista não precisa gerenciar inventário ou envios, eles podem se concentrar em outros aspectos do negócio, como marketing e atendimento ao cliente.

◆ ◆ ◆

2. Por que o dropshipping é popular?

O dropshipping se tornou popular por várias razões. Em primeiro lugar, o custo inicial é muito mais baixo do que para um negócio de comércio eletrônico tradicional. Como o varejista não precisa comprar inventário antecipadamente, não há um grande custo inicial. Além disso, como o varejista não precisa gerenciar inventário ou envios, não há custos contínuos associados a essas atividades. Em segundo lugar, o dropshipping oferece grande flexibilidade. Um varejista pode adicionar ou remover produtos do seu site a qualquer momento, sem se preocupar com o inventário restante. Isso permite ao varejista testar facilmente novos produtos e se adaptar rapidamente às tendências em constante mudança do mercado. Por fim, o dropshipping permite que o varejista se concentre no que faz de melhor: marketing e atendimento ao cliente. Em vez de gastar tempo gerenciando inventário e envios, o varejista pode dedicar seu tempo a atrair novos clientes e satisfazer os clientes existentes.

◆ ◆ ◆

3. Como começar um negócio de dropshipping?

I niciar um negócio de dropshipping envolve várias etapas. O primeiro passo é escolher um nicho de produtos. É importante escolher um nicho que seja lucrativo e que você tenha paixão. Depois de escolher um nicho, você precisa encontrar um ou mais dropshippers que vendam os produtos que você deseja vender. É importante escolher um dropshipper que seja confiável e tenha uma boa reputação. Você pode encontrar dropshippers pesquisando online, usando diretórios de dropshipping ou entrando em contato diretamente com os fabricantes dos produtos que deseja vender. Depois de encontrar um dropshipper, você precisa criar seu site. Existem muitas plataformas de comércio eletrônico que podem ajudá-lo a criar um site profissional sem a necessidade de conhecimento em programação. Você também precisará escolher um nome para sua empresa e criar um logotipo. Em seguida, você deve adicionar os produtos do seu dropshipper ao seu site. Você precisará escrever descrições de produtos convincentes e tirar fotos de produtos atraentes para atrair os clientes. Por fim, você precisa promover sua empresa. Isso pode envolver o uso de mídias sociais, SEO (otimização de mecanismos de busca), marketing por e-mail e outras estratégias de marketing online. Além dessas etapas, se você estiver na França, também precisará criar uma empresa para o seu negócio de dropshipping. O processo de criação de uma empresa na França pode variar dependendo do tipo de empresa que você escolher. Aqui estão algumas etapas gerais que você precisará seguir:

a.   Escolher uma estrutura de empresa:
Existem vários tipos de estruturas de empresas na França, incluindo a empresa individual, a sociedade de responsabilidade limitada (SARL), a sociedade anônima (SA) e a sociedade por ações simplificada (SAS). Cada tipo de estrutura tem suas

próprias vantagens e desvantagens, e a escolha da estrutura dependerá de suas necessidades específicas.

b. Registrar sua empresa:

Depois de escolher uma estrutura de empresa, você precisará registrar sua empresa. Isso geralmente envolve preencher um formulário de registro, fornecer comprovante de endereço comercial e publicar um aviso de constituição de empresa em um jornal legal.

c. Obter um número SIRET, SIREN e APE:

Esses números são essenciais para o registro de sua empresa na França. O número SIREN é um identificador exclusivo para sua empresa, enquanto o número SIRET é um identificador para cada estabelecimento de sua empresa. O código APE descreve a atividade principal de sua empresa.

d. Abrir uma conta bancária empresarial:

Na França, geralmente é necessário abrir uma conta bancária separada para sua empresa. Isso ajuda a separar suas finanças pessoais das finanças de sua empresa, o que pode facilitar a gestão de sua empresa e a manutenção de suas contas.

e. Registrar sua empresa para o IVA:

Se sua empresa atingir um certo nível de faturamento, você precisará se registrar para o IVA.

f. Escolher um nome de empresa:

Você precisará escolher um nome exclusivo para sua empresa e verificar se ele já não foi usado. Você pode fazer uma verificação simples gratuitamente ou pagar por uma pesquisa mais detalhada. Se desejar ter o uso exclusivo do nome que escolher, poderá registrá-lo mediante pagamento de uma taxa.

g. Elaborar um plano de negócios:

Um plano de negócios é um documento que descreve sua empresa, objetivos, estratégia de marketing, análise de mercado e outras informações importantes sobre sua empresa. Normalmente, é necessário elaborar um plano de negócios ao criar uma empresa.

h. Obter aconselhamento jurídico e contábil:

É aconselhável consultar um advogado e um contador para ajudá-lo a navegar pelo processo de criação de empresas. Eles podem ajudá-lo a entender as leis e regulamentos aplicáveis à sua empresa, preparar os documentos necessários para registrar sua empresa e gerenciar suas finanças.

É importante notar que o processo de criação de uma empresa na França pode ser complexo e exigir muito tempo e esforço. No entanto, com um bom planejamento e preparação, você pode criar com sucesso um negócio de dropshipping na França.

4.   Os benefícios do dropshipping

O dropshipping tem vários benefícios que o tornam atraente para empreendedores. Aqui estão alguns dos principais benefícios do dropshipping:

a. Baixo custo inicial:

Ao contrário de uma empresa de varejo tradicional, você não precisa investir muito dinheiro para iniciar um negócio de dropshipping. Você não precisa comprar estoque antecipadamente, o que reduz consideravelmente seus custos iniciais.

b. Facilidade de gerenciamento:
Com o dropshipping, você não precisa se preocupar com a gestão de estoque ou o envio de produtos. Seu dropshipper cuida de tudo isso para você.

c. Flexibilidade:
O dropshipping permite que você trabalhe de qualquer lugar e a qualquer momento. Tudo o que você precisa é de uma conexão com a Internet.

d. Grande variedade de produtos:
Com o dropshipping, você pode vender uma ampla variedade de produtos sem precisar armazená-los. Isso lhe dá a oportunidade de oferecer uma ampla seleção de produtos aos seus clientes.

e. Risco reduzido:
Como você não precisa comprar estoque antecipadamente, o risco financeiro associado ao início de um negócio de dropshipping é muito menor do que o de um negócio de varejo tradicional.

No entanto, é importante notar que o dropshipping também apresenta desafios. Por exemplo, você precisa encontrar um dropshipper confiável, lidar com a concorrência e trabalhar com margens de lucro mais baixas. Apesar desses desafios, o dropshipping ainda é uma ótima opção para empreendedores que desejam iniciar um negócio de sucesso.

5.   Desafios do dropshipping

Embora o dropshipping ofereça muitos benefícios, também apresenta desafios únicos que os empreendedores precisam superar para ter sucesso. Aqui estão alguns dos desafios mais comuns associados ao dropshipping:

a.   Descoberta de novos produtos:

Um dos obstáculos mais difíceis que os dropshippers enfrentam é a necessidade constante de descobrir novos produtos. A vida útil da maioria dos produtos de dropshipping é de cerca de 5 a 6 meses, o que significa que, quando um produto se torna saturado, os dropshippers precisam encontrar novos produtos para vender.

b.   Gerenciamento de armazenamento:

As empresas de dropshipping dependem de fornecedores terceirizados para armazenar inventário e enviar produtos, o que pode causar problemas de disponibilidade de estoque e prazos de entrega. c. Problemas de pagamento: Processar pedidos de locais que não aceitam determinados processadores de pagamento, como a China, também pode ser problemático. Isso pode levar a problemas com processadores de pagamento, que podem restringir o fluxo de fundos estabelecendo uma reserva inicial ou retenção na conta.

Para superar esses desafios, os dropshippers podem implementar várias estratégias. Por exemplo, eles podem realizar pesquisas contínuas para identificar produtos em tendência e ajustar suas ofertas para atender às demandas em constante mudança de seus clientes. Eles também podem encontrar fornecedores ou armazéns locais e fazer pedidos em grandes quantidades para ajudar a resolver problemas de armazenamento e envio local. Também é crucial seguir melhores práticas para ter um negócio de dropshipping próspero. Por exemplo, é essencial colocar o cliente em primeiro lugar, o que significa criar um site fácil de usar e navegar, o que pode aumentar as taxas de conversão e gerar mais vendas. Também é essencial construir relacionamentos sólidos com fornecedores, o que pode ajudar os dropshippers a negociar melhores preços e garantir que a qualidade dos produtos que vendem seja de primeira qualidade.

6.   Conclusão

O dropshipping é um método de comércio eletrônico que oferece muitos benefícios, incluindo baixos custos iniciais, facilidade de gerenciamento e grande flexibilidade. No entanto, como qualquer negócio, o dropshipping também apresenta desafios. É importante compreender esses desafios e saber como superá-los para ter sucesso no dropshipping. Além disso, o dropshipping exige um planejamento e uma estratégia eficazes. É importante escolher um nicho de produtos lucrativo, encontrar um dropshipper confiável e criar um site atraente.

CAPÍTULO 2: ENTENDER O SHOPIFY

1.   O que é o Shopify?

S hopify é uma plataforma de comércio eletrônico baseada na nuvem criada para ajudar pessoas e empresas a criar suas próprias lojas online personalizadas. Lançada em 2006, tornou-se uma das principais plataformas de comércio eletrônico do mundo, com mais de um milhão de comerciantes ativos em cerca de 175 países. A missão do Shopify é simples: tornar o comércio melhor para todos. E para alcançar esse objetivo, eles criaram uma plataforma que permite a qualquer um, do empreendedor individual à grande varejista, iniciar, gerenciar e expandir seu negócio.

Shopify é mais do que uma simples plataforma de loja online. É uma solução completa de comércio eletrônico que oferece uma gama de serviços, incluindo pagamentos, marketing, remessas e ferramentas de gerenciamento de relacionamento com o cliente.

a.   Flexibilidade e acessibilidade

Uma das principais vantagens do Shopify é sua flexibilidade. Quer você venda produtos físicos, produtos digitais, serviços, associações, eventos pagos, aluguéis ou mesmo cursos e aulas, o Shopify tem as ferramentas para ajudá-lo a fazê-lo. Você pode personalizar o visual da sua loja com temas, adicionar funcionalidades com aplicativos e vender em múltiplos canais de venda, incluindo redes sociais e mercados online.

Além de sua flexibilidade, o Shopify também é conhecido por sua facilidade de uso. Mesmo que você não tenha experiência em design de sites ou codificação, você pode criar uma loja online atraente e funcional. O Shopify oferece uma interface de usuário intuitiva e guias detalhados para ajudá-lo em cada etapa do processo.

b. Recursos integrados

Shopify oferece uma variedade de recursos integrados para ajudar as empresas a gerenciar eficazmente suas lojas online. Por exemplo, ele possui um painel único onde você pode gerenciar pedidos, monitorar vendas e acompanhar o desempenho da sua loja. Também oferece ferramentas para auxiliar na criação, execução e análise de campanhas de marketing digital.

Além disso, o Shopify oferece uma solução de pagamento integrada chamada Shopify Payments. Isso permite que os comerciantes aceitem pagamentos com cartão de crédito diretamente em sua loja, sem a necessidade de uma conta de comerciante de terceiros. O Shopify Payments é fácil de configurar e oferece taxas competitivas.

c. Suporte e recursos

O Shopify é conhecido por seu excelente suporte ao cliente. Eles oferecem assistência 24/7 por chat ao vivo, e-mail e telefone. Além disso, possuem uma extensa base de conhecimento online com guias, tutoriais e fóruns da comunidade para ajudar os comerciantes a resolver problemas e aprender a usar a plataforma.

Além do suporte ao cliente, o Shopify também oferece uma variedade de recursos para ajudar os comerciantes a ter sucesso.

Por exemplo, eles têm uma academia Shopify que oferece cursos gratuitos sobre comércio eletrônico e empreendedorismo. Eles também têm um blog com artigos sobre uma variedade de tópicos.

O Shopify continuou a inovar e melhorar seus serviços para ajudar as empresas a crescer e prosperar. Aqui estão algumas das atualizações e recursos-chave que foram introduzidos:

i. Infraestrutura global poderosa

O Shopify expandiu significativamente sua infraestrutura global, permitindo que os sites carreguem rapidamente, independentemente de onde os clientes estejam localizados. Com 270 pontos de presença em todo o mundo e novos locais em processo de implantação, os sites no Shopify carregam duas vezes mais rápido.

ii. Novo checkout em uma página

O Shopify introduziu um novo checkout em uma única página, inspirado na taxa de conversão comprovada do Shop Pay. Este novo checkout é mais rápido, converte melhor e atende exatamente às expectativas dos clientes.

iii. Promessa do Shop

Para ajudar a fortalecer a confiança dos clientes, o Shopify introduziu a "Promessa do Shop". Ao instalar o canal Shop e adicionar o selo de Promessa do Shop e as datas de entrega em sua loja, os comerciantes podem comunicar uma entrega rápida e confiável aos seus clientes.

iv. Conexão com o Shop

O Shopify também introduziu um recurso que permite aos usuários do Shop de alta intenção fazer login antes de chegar ao checkout com suas credenciais do Shop, incluindo chaves de acesso salvas. Isso permite que os clientes passem rapidamente por um checkout com um clique usando o Shop Pay.

v.   *Otimização de imagens e pontos focais*

Para melhorar a velocidade das lojas e aumentar as taxas de conversão, o Shopify otimiza as imagens para a mais alta qualidade e o menor tamanho de arquivo possível.

vi.   *Conteúdo de vitrine gerado por IA*

Para ajudar os comerciantes a superar o bloqueio de escritor, o Shopify introduziu um recurso que gera automaticamente descrições de produtos. Os comerciantes podem inserir palavras-chave ou características, e o sistema gera uma descrição.

Essas melhorias e recursos mostram como o Shopify está constantemente se esforçando para melhorar a experiência para os comerciantes e seus clientes. Se você é um empreendedor individual iniciando ou uma empresa estabelecida procurando expandir, o Shopify tem as ferramentas para ajudá-lo a ter sucesso.

2.   *Como funciona o Shopify?*

Shopify é uma plataforma de comércio eletrônico completa que permite iniciar, crescer e gerir um negócio. Ela unifica todo o seu comércio em uma única plataforma. Com o Shopify, os comerciantes podem construir e personalizar uma loja online e vender em vários locais, incluindo a web, dispositivos móveis, pessoalmente em locais físicos e através de vários canais, desde mídias sociais até mercados online.

O Shopify é totalmente baseado na nuvem e hospedado, o que significa que você pode acessá-lo de qualquer dispositivo conectado e compatível. O Shopify cuida das atualizações de software e da manutenção do servidor para você. Isso oferece a flexibilidade para acessar e gerir o seu negócio de qualquer lugar com uma conexão à internet.

O produto do Shopify pode ser pensado como camadas que você pode escolher para construir a pilha certa para o seu negócio:

a. Camada 1: O produto básico do Shopify

É o que você recebe assim que compra qualquer plano do Shopify. Inclui tudo o que você precisa para transformar sua ideia em um negócio e começar a vender. Modelos para a aparência da sua loja, ferramentas para vender em vários locais online e pessoalmente, processamento integrado de pagamentos, o checkout mais eficaz da internet, ferramentas de SEO e marketing - tudo isso faz parte do produto básico do Shopify. É a base sobre a qual nossos outros produtos e aplicações são construídos.

b. Camada 2: Produtos e serviços adicionais do Shopify

Cada negócio independente é único e, à medida que as empresas crescem, suas necessidades evoluem. É por isso que o Shopify oferece atualizações poderosas para ajudar seus clientes a expandir seus negócios em nossa plataforma. Desde o acesso mais fácil ao capital até opções de pagamento acelerado, esses produtos e serviços são exclusivos para clientes do Shopify e são projetados para ajudar os proprietários de negócios independentes a se manterem à frente no mercado.

c. Camada 3: Aplicativos construídos por parceiros confiáveis

A loja de aplicativos do Shopify conta com milhares de aplicativos e recursos desenvolvidos por terceiros para personalizar sua loja sem nunca tocar no código. Você encontrará as ferramentas mais avançadas para desenvolver seu negócio na loja de aplicativos, seja o mais recente aplicativo de SMS ou as ferramentas de publicidade das redes sociais mais populares.

Em suma, o Shopify é projetado para evoluir com você, independentemente de sua maturidade técnica, crescimento, tamanho, complexidade ou localização. Você nunca terá acesso limitado à tecnologia e recursos para construir seu negócio, e nunca superará o Shopify à medida que suas necessidades mudam, evoluem ou crescem.

◆ ◆ ◆

3. As Vantagens do Shopify

O Shopify é uma plataforma de comércio eletrônico que oferece muitas vantagens para as empresas, especialmente aquelas que vendem uma grande quantidade de produtos físicos. Aqui estão algumas das principais vantagens de usar o Shopify:

a. Facilidade de Uso

O Shopify é conhecido pela sua facilidade de uso. Não

requer habilidades técnicas para ser utilizado. Você não precisa contratar um desenvolvedor; pode configurar um site em menos de 48 horas. É uma plataforma que criou mais milionários do que qualquer outra ferramenta que já vi, segundo Paul Waddy, especialista em comércio eletrônico e autor de "Shopify for Dummies".

b. Planos e Preços Flexíveis

O Shopify oferece uma variedade de planos de preços para atender às necessidades de diferentes tamanhos de empresas. Seja uma pequena startup ou uma grande empresa que lida com um alto volume de vendas, o Shopify tem um plano que pode atender às suas necessidades. Além disso, cada plano oferece um conjunto de recursos que podem ajudar o seu negócio a crescer.

c. Gestão Avançada de Estoque e Pedidos

O Shopify oferece ferramentas avançadas de gerenciamento de estoque e pedidos. Os vendedores podem rastrear e gerenciar os estoques disponíveis e comprometidos, além de movimentar estoques entre lojas e armazéns. O painel do Shopify exibe os pedidos que os clientes já fizeram. Eles podem ordenar os pedidos por método de atendimento ou local de entrega e fazer alterações, se necessário, antes que os pedidos sejam enviados.

d. Integrações com Redes Sociais e Mercados Online

O Shopify permite que os vendedores listem seus produtos no Facebook, Instagram, YouTube, TikTok, Google e Walmart Marketplace. Eles podem escolher as plataformas que melhor se adequam à sua marca e público e, em seguida, gerenciar todos os seus pedidos a partir do mesmo painel de controle que alimenta o restante da loja Shopify.

e. Taxas de Envio Reduzidas

Os vendedores do Shopify têm acesso a taxas de envio especiais com transportadoras que incluem USPS, UPS, DHL Express e Canada Post. O Shopify também inclui a impressão de etiquetas de envio e até US$ 200 de seguro por pacote, o que pode proteger os envios contra danos e roubo.

f. Shopify Payments

O Shopify Payments é a solução integrada de processamento de pagamentos do Shopify. É fácil de configurar e permite que as empresas aceitem pagamentos online sem precisar configurar um processador de pagamentos de terceiros. O Shopify Payments oferece taxas competitivas e está incluído em todos os planos do Shopify.

g. Suporte ao Cliente

O Shopify oferece suporte ao cliente 24/7 por chat ao vivo, e-mail e telefone. Os usuários também têm acesso a uma extensa base de conhecimento online.

h. Suporte nas Redes Sociais

O Shopify tem uma presença impressionante em todas as plataformas de mídia social. Com quase quatro milhões de curtidas no Facebook, mais de 3000 postagens no Instagram e mais de 325.000 seguidores no Twitter, o Shopify é certamente popular. No Facebook, uma vez que você acessa a página do Shopify, pode iniciar um chat ao vivo clicando no botão "Mensagem". Essa abordagem não é tão rápida ou eficaz quanto usar diretamente a ferramenta de chat ao vivo no site do Shopify, no entanto, pode ser útil se você for um usuário regular do Facebook. No Twitter, você pode twittar para o Shopify com sua consulta. Naturalmente, isso tem a vantagem de tornar sua solicitação de suporte ao cliente pública, o que significa que o Shopify deve se importar o suficiente com sua reputação para responder, se ainda não o fez. No Instagram, você pode marcar o Shopify em postagens ou histórias e resumir seu problema ou solicitação de suporte na legenda da imagem.

i.   Webinars e Eventos Comunitários

O Shopify oferece webinars e eventos comunitários para ajudar os usuários a aprender mais sobre o uso da plataforma. Os webinars são gratuitos e ocorrem diariamente. Eles abrangem uma variedade de tópicos, desde a migração do Etsy para o Shopify até a configuração do Google Shopping com o Shopify. Os eventos comunitários são encontros presenciais onde você pode aprender com o Shopify e seus colegas. Seja um seminário para ajudá-lo a começar com o Shopify online em Miami ou algumas dicas de comércio eletrônico festivas em Manila, há algo para todos, em qualquer lugar.

j.   Canal do YouTube do Shopify

O canal do YouTube do Shopify é outro recurso valioso para os usuários. Está repleto de guias em vídeo que cobrem tudo, desde se inscrever para um teste gratuito até escolher um provedor de pagamentos. Os 333.000 inscritos atestam seu valor.

k.   Loja de Aplicativos do Shopify

A Loja de Aplicativos do Shopify é outra vantagem importante da plataforma. Ela oferece uma infinidade de aplicativos que podem ser integrados à sua loja para aprimorar sua funcionalidade. Se você precisa de um aplicativo para gerenciar seu estoque, automatizar seu marketing por e-mail ou melhorar o SEO de sua loja, provavelmente o encontrará na Loja de Aplicativos do Shopify.

l.   Segurança

O Shopify é uma plataforma altamente segura. Está em conformidade com o padrão PCI DSS nível 1, o que significa que atende aos mais altos padrões de segurança de dados de cartões de crédito. Além disso, todas as lojas do Shopify são automaticamente equipadas com um certificado SSL gratuito para proteger as informações de seus clientes.

m. Shopify POS

O Shopify POS (Ponto de Venda) é um aplicativo que permite vender produtos pessoalmente, mantendo todos os seus dados de vendas e estoque sincronizados. Aqui estão algumas das vantagens do Shopify POS:

i.   *Gerenciamento de Pedidos e Produtos*
O Shopify POS Lite, disponível gratuitamente com o plano de entrada do Shopify, oferece recursos de gerenciamento de pedidos e produtos. Isso significa que você pode acompanhar os pedidos dos clientes e gerenciar seu estoque diretamente do aplicativo.

ii.   *Permissões e Funções da Equipe*
Com o plano Shopify, que custa US$ 79 por mês com faturamento anual, você obtém recursos adicionais, como permissões e funções da equipe. Isso é especialmente útil para empresas que têm várias pessoas gerenciando seu site.

iii.   Venda Omnicanal

O plano Shopify também oferece venda omnicanal, o que significa que você pode vender seus produtos por meio de uma variedade de canais de vendas, mantendo todos os seus dados sincronizados.

iv.   Gerenciamento de Estoque e Análise na Loja

Para aqueles que têm um espaço de varejo físico, o plano Shopify oferece recursos avançados de gerenciamento de estoque e análise na loja.

v.   Facilidade de Uso

O Shopify POS é conhecido por sua interface amigável, o que o torna fácil de usar e navegar. No entanto, ele oferece opções de personalização limitadas além do básico.

vi.   Segurança

A segurança é uma prioridade para o Shopify POS, que oferece criptografia SSL padrão da indústria para garantir que os dados transmitidos entre dispositivos e servidores estejam protegidos. Além disso, ele possui ferramentas integradas de prevenção de fraudes para detectar e prevenir atividades fraudulentas.

vii.   Conformidade com o PCI

O Shopify POS está em conformidade com o padrão da indústria de segurança de dados de cartões de pagamento (PCI DSS) e passa por auditorias regulares para garantir a conformidade contínua.

viii.   Atendimento ao Cliente e Suporte

O Shopify oferece atendimento ao cliente por meio de um chatbot que pré-qualifica se você pode ser conectado diretamente a um humano para responder às suas perguntas. Existem também várias opções de autoajuda, incluindo uma seção de perguntas frequentes (FAQ), o centro de ajuda do Shopify e a comunidade do Shopify.

n. Academia do Shopify

A Academia do Shopify é uma plataforma de aprendizado online gratuita que oferece cursos sobre uma variedade de tópicos relacionados ao comércio eletrônico. Se você é um iniciante procurando aprender o básico do comércio eletrônico ou um vendedor experiente buscando aprimorar suas habilidades, a Academia do Shopify tem algo para você.

o. Especialistas do Shopify

Os Especialistas do Shopify é um diretório de profissionais autônomos e agências que podem ajudar as empresas a desenvolver e melhorar sua loja Shopify. Se você precisa de ajuda com o design da sua loja, desenvolvimento, marketing, SEO, fotografia ou até mesmo redação de conteúdo, você pode encontrar um Especialista do Shopify para ajudar. Aqui estão algumas das vantagens de usar Especialistas do Shopify:

i. Especialização Especializada

Os Especialistas do Shopify têm um profundo conhecimento da plataforma Shopify e se especializam em áreas diferentes. Se você precisa de ajuda com o design da sua loja, desenvolvimento, marketing, SEO, fotografia ou até mesmo redação de conteúdo, você pode encontrar um Especialista do Shopify para ajudar.

ii. Rede Expandida

Os Especialistas do Shopify construíram redes enormes. Eles estão conectados a pessoas, empresas e organizações em todo o mundo que oferecem serviços especializados, como marketing, design de sites, criação de conteúdo, análise e muito mais. Isso lhes proporciona acesso a uma variedade de serviços para ajudar seus clientes a ter sucesso.

iii.   Profundo Conhecimento do Shopify

Graças à sua extensa rede, os Especialistas do Shopify têm um profundo entendimento dos desafios e oportunidades únicos da plataforma Shopify. Eles podem desenvolver soluções personalizadas para seus clientes.

iv.   Acesso a Recursos

Os Especialistas do Shopify têm acesso a uma variedade de recursos para ajudar seus clientes a ter sucesso. Esta é também a principal razão pela qual muitos vendedores online estão dispostos a investir dinheiro na contratação de um Especialista do Shopify adequado para sua loja.

Para contratar um Especialista do Shopify, é recomendável definir seus requisitos comerciais, fazer uma pesquisa rápida de Especialistas do Shopify certificados, verificar seus portfólios e avaliações, discutir preços e requisitos de trabalho, realizar uma entrevista e, finalmente, assinar um contrato com o especialista.

Resumindo, o Shopify oferece uma série de vantagens que o tornam uma plataforma de comércio eletrônico atraente para empresas de todos os tamanhos. Seja você um novato no comércio eletrônico ou um vendedor experiente, o Shopify tem algo a oferecer para ajudá-lo a ter sucesso em seu negócio online.

4.   Como começar com o Shopify para Dropshipping

a. Inscrição no Shopify

O primeiro passo para começar com o Shopify é se inscrever na plataforma. Você pode fazer isso visitando o site deles e clicando no botão "Começar". Você precisará fornecer algumas informações básicas, como seu endereço de e-mail, uma senha e o nome da sua loja. É importante observar que o nome da sua loja deve ser único, portanto, se o nome que você escolheu já estiver em uso, será necessário escolher outro.

b. Configuração da sua loja

Depois de criar sua conta, você será direcionado para o painel da sua loja. Aqui, você pode começar a configurar sua loja adicionando produtos, personalizando o design da sua loja, configurando as opções de pagamento e envio e muito mais.

c. Adição de produtos

Adicionar produtos à sua loja Shopify é um processo simples. Você pode fazer isso indo para a seção "Produtos" no seu painel e clicando em "Adicionar um produto". Você precisará fornecer informações sobre o produto, como nome, preço, descrição, e também pode adicionar imagens do produto.

d. Personalização do design da sua loja

O Shopify oferece uma variedade de temas que você pode usar para personalizar o design da sua loja. Você pode acessar esses temas indo para a seção "Temas" no seu painel. Você pode escolher entre os temas gratuitos oferecidos pelo Shopify ou optar por comprar um tema premium.

e. Configuração das opções de pagamento e envio

Para receber pagamentos dos seus clientes e organizar o envio dos seus produtos, você precisará configurar as opções de pagamento e envio. Você pode fazer isso indo para a seção "Configurações" no seu painel e selecionando "Pagamentos" e "Envio".

f.   Lançamento da sua loja

Depois de configurar sua loja e estar pronto para começar a vender, você pode lançar sua loja indo para a seção "Configurações" no seu painel e selecionando "Preferências". Aqui, você pode remover a senha da sua loja, permitindo que os clientes visitem e comprem na sua loja.

g.   Gerenciamento da sua loja

Após o lançamento da sua loja, você precisará gerenciá-la adicionando novos produtos, processando pedidos dos clientes, respondendo às perguntas dos clientes e muito mais. O Shopify oferece uma variedade de ferramentas para ajudá-lo a gerenciar sua loja, incluindo um painel para acompanhar suas vendas e desempenho, uma seção para gerenciar seus produtos e pedidos e uma seção para se comunicar com seus clientes.

h.   Uso do Shopify para dropshipping

O Shopify é uma excelente plataforma para o dropshipping. Com o Shopify, você pode facilmente adicionar produtos de fornecedores de dropshipping à sua loja e, quando esses produtos são vendidos, o fornecedor cuida do envio. Veja como você pode usar o Shopify para o dropshipping:

i.   *Instalar o aplicativo de dropshipping Oberlo*

O Shopify desenvolveu seu próprio aplicativo de dropshipping, o Oberlo, para garantir uma integração perfeita com a plataforma. Você pode ir à loja de aplicativos do Shopify e instalar o Oberlo para conectar sua loja Shopify a milhares de fornecedores no AliExpress.

ii. *Sincronizar o Shopify e o Oberlo com sua conta AliExpress*

Isso desbloqueia recursos úteis, como a atualização automática das quantidades de pedidos diretamente dos fornecedores.

iii. *Navegar pelos produtos no Oberlo e importar os dados dos produtos que você gosta diretamente para sua loja Shopify*

Isso leva apenas alguns cliques, pois o processo é completamente automatizado. Você pode ordenar os produtos por quantidade de pedidos para saber quais vendem melhor nos sites de dropshipping.

iv. *Editar descrições de produtos, imagens e detalhes das variantes antes de importá-los*

Este é um passo opcional, mas recomendado, para personalizar seu catálogo de produtos.

v. *Processar pedidos com o Oberlo*

Depois que um cliente comprar um produto na sua loja Shopify, você pode usar o Oberlo para processar o pedido. O processo é totalmente automatizado e leva apenas alguns cliques.

vi. *Enviar o pedido ao fornecedor de dropshipping*

Certifique-se de estar conectado à sua conta AliExpress e de ter instalada a extensão Chrome do Oberlo. Verifique se todos os detalhes do pedido estão corretos, especialmente o método de envio, e envie o pedido ao fornecedor de dropshipping.

vii. *Lidar com devoluções e reembolsos*

Mesmo que você não tenha nada a ver com o envio e a gestão dos produtos na sua loja, é responsável por lidar com as reclamações dos clientes sobre problemas que você não controla, como pedidos incompletos, cores erradas ou embalagens danificadas.

viii.   Evitar erros custosos

Se você é novo no dropshipping com o Shopify, pode haver uma curva de aprendizado. Um erro bobo, como pagar por anúncios no Google quando o produto estava fora de estoque ou inserir o link errado nos anúncios do Facebook, pode custar dinheiro.

ix.   Testar o mercado

O dropshipping permite que você teste novos produtos ou mercados sem comprometer muitos recursos. Por exemplo, você pode adicionar novos produtos à sua loja e ver como eles se vendem antes de decidir investir mais recursos nesses produtos.

x.   Encontrar fornecedores de dropshipping que não sejam o AliExpress

Se você deseja começar a fazer dropshipping com fornecedores que não sejam o AliExpress, pode usar diretórios de fornecedores de dropshipping. Esses diretórios são enormes bancos de dados de atacadistas, fornecedores e fabricantes. Aqui estão algumas maneiras de encontrar esses fornecedores:

• **Ligar para o fabricante:** se você souber qual produto deseja fazer dropshipping, ligue para o fabricante e solicite uma lista de seus atacadistas de dropshipping. Você pode então entrar em contato com esses atacadistas para ver se eles fazem dropshipping e perguntar sobre como configurar uma conta.

• **Pesquisa no Google:** os atacadistas geralmente são ruins em marketing e promoção, e definitivamente não estarão no topo dos resultados de pesquisa para "atacadistas de produtos X". Isso significa que você provavelmente terá que vasculhar muitos resultados de pesquisa, talvez centenas, para encontrar o site do atacadista.

• **Pedir à concorrência:** se você está tendo dificuldade em localizar fornecedores de produtos para dropshipping, ainda pode usar a estratégia de "pedir à concorrência". Eis como funciona: encontre um concorrente que você acredita estar fazendo dropshipping e faça um pequeno pedido com essa empresa. Quando receber o pacote, procure o endereço de devolução para descobrir quem foi o remetente original. Em alguns casos, pode ser um fornecedor com o qual você pode entrar em contato.

• **Participar de uma feira comercial:** uma feira comercial permite que você se conecte com todos os principais fabricantes e atacadistas em um nicho. É uma excelente maneira de fazer contatos e procurar produtos e fornecedores, tudo em um só lugar.

• **Testar o mercado:** o dropshipping permite que você teste novos produtos ou mercados sem comprometer muitos recursos. Por exemplo, você pode adicionar novos produtos à sua loja e ver como eles se vendem antes de decidir investir mais recursos nesses produtos.

• **Usar diretórios de fornecedores de dropshipping:** alguns dos melhores fornecedores de dropshipping estão listados em diretórios de fornecedores de dropshipping. Esses diretórios são enormes bancos de dados de atacadistas, fornecedores e fabricantes. Alguns dos mais populares incluem AliExpress, Alibaba, SaleHoo, Worldwide Brands, Doba, Sunrise Wholesale,

Wholesale2B, MegaGoods, Modalyst, Wholesale Central, Spocket, CJDropshipping e Crov.

Em resumo, o Shopify é uma plataforma poderosa que oferece uma variedade de ferramentas para ajudar na criação e gestão de uma loja online. Seja você um empreendedor iniciante ou experiente, o Shopify tem algo a oferecer para todos.

5.   Shopify e o Dropshipping

O dropshipping é um modelo de negócios que permite aos empreendedores vender produtos fabricados, armazenados e enviados por fornecedores terceirizados a partir de sua própria loja online. O Shopify é uma plataforma de comércio eletrônico que facilita muito o dropshipping devido às suas numerosas características e integrações.

a.   Como o dropshipping funciona com o Shopify

Com o Shopify, o dropshipping é simplificado graças a uma variedade de aplicativos que se conectam diretamente aos fornecedores. Esses aplicativos automatizam o processo de envio ao fabricar, armazenar e enviar produtos em seu nome. Entre os aplicativos populares de dropshipping no Shopify estão o Spocket, o DSers e o Modalyst.

O Spocket inclui produtos de fornecedores de dropshipping nos Estados Unidos, Canadá, Europa, Austrália, Brasil e muito mais. O aplicativo também se sincroniza com o AliExpress, permitindo que os usuários importem produtos diretamente para suas lojas

Shopify.

O DSers permite que os comerciantes pesquisem, importem e editem dados de produtos de fornecedores no AliExpress. Um recurso destacado é a capacidade de comparar os dropshippers do AliExpress que vendem os mesmos produtos, permitindo que os comerciantes encontrem o melhor preço para seus produtos.

O Modalyst, como as outras opções, também se sincroniza com o AliExpress, facilitando a importação de produtos diretamente para a loja Shopify. O Modalyst também oferece listas selecionadas de marcas independentes, bem como marcas de alto padrão como Calvin Klein e Dolce & Gabbana.

CAPÍTULO 3: COMO CRIAR UMA LOJA SHOPIFY

Shopify é uma plataforma de comércio eletrônico que permite a qualquer pessoa criar uma loja online e vender produtos. Quer você venda online, nas redes sociais, em lojas físicas ou até mesmo a partir do porta-malas do seu carro, o Shopify tem uma solução para você. Veja como você pode criar sua própria loja Shopify.

◆ ◆ ◆

1. Etapa 1: Cadastro no Shopify

O primeiro passo para criar uma loja Shopify é se inscrever no Shopify. Essa etapa, embora pareça simples, é crucial para o sucesso do seu negócio. Ela estabelece as bases da sua loja online e permite que você comece a construir sua presença online.

a. Visite o site do Shopify

Para começar, você deve visitar o site do Shopify. Você pode fazer isso abrindo seu navegador da web e digitando "www.shopify.com" na barra de endereços. Quando você estiver no site do Shopify, verá uma página inicial com várias opções. Você pode aprender mais sobre os recursos do Shopify, ler depoimentos de clientes satisfeitos ou até mesmo conferir o blog deles para obter dicas sobre comércio eletrônico. No entanto, por enquanto, seu objetivo é criar uma loja, então procure o botão "Começar" ou "Teste grátis" e clique nele.

b. Criação de uma conta

Após clicar no botão "Começar", você será direcionado para uma página onde poderá criar uma conta. A criação de uma conta é um processo simples que não deve levar mais do que alguns minutos. Você precisará fornecer um endereço de e-mail válido, criar uma senha e dar um nome para a sua loja. Ao escolher um endereço de e-mail, certifique-se de usar um que você verifica regularmente. O Shopify usará esse endereço para enviar informações importantes sobre sua loja, como notificações de vendas, atualizações de produtos e dicas para melhorar sua loja. A escolha de uma senha também é crucial. Sua senha protege sua loja contra acesso não autorizado, portanto, ela deve ser forte e segura. Tente usar uma combinação de letras, números e símbolos para tornar sua senha mais difícil de ser adivinhada.

Por fim, você precisará dar um nome à sua loja. O nome da sua loja é importante, pois representa sua marca e dá aos clientes a primeira impressão do seu negócio. Tente escolher um nome que seja único, fácil de lembrar e que dê uma ideia do que você vende.

c. Conclusão do cadastro

Após preencher essas informações, você pode clicar em "Criar sua loja". O Shopify processará suas informações e criará sua loja. Esse processo pode levar alguns minutos, então seja paciente. Enquanto aguarda, você pode começar a pensar na próxima etapa da criação da sua loja Shopify: a configuração da loja. Você precisará escolher um tema para sua loja, adicionar produtos e configurar suas opções de pagamento e envio. Cada uma dessas etapas é crucial para o sucesso da sua loja, então reserve um tempo para considerar suas opções e planejar adequadamente.

Em resumo, o cadastro no Shopify é um passo simples, mas importante, na criação da sua loja online. Ao escolher cuidadosamente um endereço de e-mail apropriado, uma senha segura e um nome de loja único, você estabelece as bases para uma loja online de sucesso.

2.   Etapa 2: Configuração da sua loja

Depois de criar sua conta Shopify e dar um nome à sua loja, a próxima etapa é configurar sua loja. Essa etapa é essencial para garantir o bom funcionamento da sua loja e oferecer aos seus clientes uma experiência de compra agradável e sem problemas. A configuração da sua loja inclui várias etapas, como personalização da loja, adição de produtos e configuração de parâmetros.

a. Acesso ao painel da sua loja

Depois de criar sua loja, você será direcionado para o painel da sua loja Shopify. O painel é onde você gerenciará todos os aspectos da sua loja, desde a adição de produtos até o monitoramento das vendas. Ele é projetado de forma intuitiva para facilitar a navegação e a gestão da sua loja. No painel, você verá várias opções no menu à esquerda, incluindo "Início", "Pedidos", "Produtos", "Clientes", "Análises", "Marketing", "Descontos" e "Aplicativos". Cada opção permite que você gerencie uma parte diferente da sua loja.

b. Personalização da sua loja

A personalização da sua loja é uma etapa importante para criar uma identidade de marca forte e atrair e reter clientes. O Shopify oferece uma variedade de opções de personalização que permitem dar à sua loja a aparência e o estilo desejados. Para começar a personalizar sua loja, clique em "Temas" no menu à esquerda do seu painel. Aqui, você pode escolher um tema para sua loja, personalizar esse tema e visualizar sua loja. A escolha de um tema é uma decisão importante, pois ele determina a aparência da sua loja. O Shopify oferece uma variedade de temas gratuitos e pagos que você pode usar. Cada tema tem um estilo e design diferentes, portanto, reserve um tempo para explorar os temas disponíveis e escolher o que melhor se adequa à sua marca e aos seus produtos. Depois de escolher um tema, você pode personalizá-lo para que corresponda à sua marca. Você pode alterar as cores, as fontes, as imagens e muito mais. Dedique tempo para personalizar cada aspecto do seu tema e criar uma loja que reflita sua marca e atraia seus clientes.

c. Adição de produtos à sua loja

A adição de produtos à sua loja é outra etapa importante na configuração da sua loja. Sem produtos, você não tem nada para vender, e sem nada para vender, você não pode fazer comércio eletrônico. Para adicionar produtos à sua loja, clique em "Produtos" no menu à esquerda do seu painel Shopify. Aqui, você pode adicionar produtos, criar coleções de produtos e gerenciar seu estoque. Ao adicionar um produto, você precisará fornecer informações sobre ele, como título, descrição, preço e imagens. Certifique-se de fornecer informações precisas e detalhadas para ajudar seus clientes a entender o que estão comprando.

d. Configuração de seus parâmetros

A configuração dos seus parâmetros é a última etapa da configuração da sua loja. Seus parâmetros incluem coisas como suas informações de faturamento, configurações de pagamento, configurações de envio e muito mais. Para acessar suas configurações, clique em "Configurações" no menu à esquerda do seu painel Shopify. Aqui, você verá várias opções, incluindo "Geral", "Pagamentos", "Envio", "Impostos", "Notificações", "Faturamento", "Arquivos", "Canais de venda", "Plano e permissões", "Idiomas da loja", "Checkout", "Legal", "Cartões-presente", "Google Shopping", "Metafields" e "Envio e entrega". Cada opção permite que você configure uma parte diferente da sua loja. Por exemplo, as configurações "Gerais" permitem que você modifique as informações básicas da sua loja, como seu endereço de e-mail, moeda e fuso horário. As configurações "Pagamentos" permitem que você escolha como aceitar pagamentos dos seus clientes. As configurações "Envio" permitem que você configure suas opções de envio e calcule as taxas de envio. É importante dedicar tempo para revisar cada opção e configurar seus parâmetros de acordo com suas necessidades e as de seus clientes. Uma boa configuração dos parâmetros pode melhorar a experiência de compra dos seus clientes e facilitar a gestão da sua loja.

e. Conclusão

A configuração da sua loja Shopify é uma etapa crucial na criação da sua loja online. Ao dedicar tempo para personalizar sua loja, adicionar produtos e configurar seus parâmetros, você pode criar uma loja que reflita sua marca, atraia seus clientes e facilite a gestão do seu negócio. No entanto, a configuração da sua loja é apenas o começo. Depois que sua loja estiver configurada, você precisará trabalhar na promoção dela, envolver seus clientes e otimizar sua loja para aumentar as vendas e a satisfação dos clientes. Mas com uma loja bem configurada, você já deu um grande passo em direção ao sucesso do seu negócio de comércio eletrônico.

◆ ◆ ◆

3.   Etapa 3: Adição de produtos

A adição de produtos à sua loja Shopify é uma etapa essencial para dar vida à sua loja online. É nesse momento que você começará a construir seu catálogo de produtos, definir sua oferta e mostrar aos seus clientes o que você tem a oferecer. No contexto do dropshipping, essa etapa também envolve a seleção de produtos de fornecedores terceirizados e a adição deles à sua loja. O Shopify torna esse processo mais fácil com uma variedade de aplicativos que podem ajudar a automatizar o processo de dropshipping.

a.   Acessando a seção "Produtos" do seu painel

Para começar a adicionar produtos à sua loja Shopify, você precisa acessar a seção "Produtos" do seu painel. Para fazer isso, faça login na sua conta Shopify e clique em "Produtos" no menu à esquerda do seu painel. Isso o levará a uma página onde você pode ver todos os produtos que já adicionou à sua loja e onde pode adicionar novos produtos.

b.   Adição de um produto

Para adicionar um produto, clique no botão "Adicionar um

produto" na página de produtos. Isso o levará a uma nova página onde você pode inserir informações sobre o produto que está adicionando. Ao adicionar um produto, você precisará fornecer várias informações, como título do produto, descrição, imagens, preço e muito mais. Cada informação que você fornece ajuda a informar seus clientes sobre o produto e a ajudá-los a tomar uma decisão de compra. O título do produto é o nome que seus clientes verão ao navegar pela sua loja. Ele deve ser claro e descritivo, ao mesmo tempo em que é fácil de ler. A descrição do produto é onde você pode fornecer mais detalhes sobre o produto. Você pode incluir informações sobre as características do produto, seu uso, benefícios e outros detalhes que possam ser úteis para seus clientes. Certifique-se de ser o mais detalhado possível em suas descrições de produtos para ajudar seus clientes a entender o que estão comprando. As imagens do produto também são essenciais. Elas permitem que seus clientes vejam como é o produto e tenham uma ideia do que podem esperar se o comprarem. Tente incluir várias imagens que mostrem o produto em diferentes ângulos e contextos de uso. O preço do produto é, claro, um dos fatores mais importantes que influenciam a decisão de compra de seus clientes. Certifique-se de definir um preço que reflita o valor do produto, levando em consideração seus custos e sua estratégia de preços.

c.   Dropshipping e aplicativos Shopify

No contexto do dropshipping, a adição de produtos à sua loja pode envolver algumas etapas adicionais. Em vez de armazenar os produtos você mesmo, você trabalhará com um fornecedor terceirizado que armazenará e enviará os produtos em seu nome. Isso significa que você precisará escolher produtos para vender no catálogo do seu fornecedor. O Shopify torna o dropshipping mais fácil com uma variedade de aplicativos que podem ajudar a automatizar o processo. Aplicativos como Oberlo,

Spocket e Modalyst podem ajudar a encontrar fornecedores de dropshipping, importar produtos para sua loja Shopify e automatizar o processo de envio. Oberlo, por exemplo, é um aplicativo popular que permite encontrar produtos para vender de vários fornecedores de dropshipping. Você pode navegar pelo catálogo de produtos, escolher os produtos que deseja vender e importá-los diretamente para sua loja Shopify. Quando um cliente compra um produto, o pedido é automaticamente enviado ao fornecedor, que cuida do envio. Spocket e Modalyst funcionam de maneira semelhante, mas oferecem catálogos de produtos diferentes e podem ter recursos adicionais. Por exemplo, o Spocket se concentra em fornecedores baseados nos Estados Unidos e na Europa, enquanto o Modalyst oferece uma variedade de produtos de marcas independentes. Usar esses aplicativos pode simplificar muito o processo de dropshipping e permitir que você gerencie sua loja com mais eficiência. No entanto, é importante fazer sua pesquisa e escolher produtos e fornecedores que se adequem à sua marca e aos seus clientes.

d. Gerenciamento de inventário

Como parte da configuração dos seus produtos, você também precisará gerenciar seu inventário. O Shopify facilita o gerenciamento de estoque, permitindo que você acompanhe a quantidade de cada produto em estoque. Se você está fazendo dropshipping, o inventário será gerenciado pelo seu fornecedor, mas você ainda precisará acompanhar os níveis de estoque para garantir que não esteja vendendo produtos fora de estoque. Para gerenciar seu inventário, vá para a página "Produtos" do seu painel Shopify e clique no produto que deseja gerenciar. Aqui, você pode definir a quantidade de produtos disponíveis, ativar o rastreamento de estoque e configurar notificações para ser informado quando o estoque estiver baixo.

e. Conclusão

A adição de produtos à sua loja Shopify é uma etapa essencial para dar vida à sua loja online. Seja você vendendo seus próprios produtos ou fazendo dropshipping, é importante escolher produtos de qualidade, fornecer informações detalhadas e precisas sobre os produtos e gerenciar seu estoque de maneira eficaz. Com as ferramentas e recursos do Shopify, você pode adicionar facilmente produtos à sua loja e começar a vender.

4.   Etapa 4: Configuração de parâmetros de pagamento e envio

D epois de adicionar produtos à sua loja Shopify, a próxima etapa é configurar seus parâmetros de pagamento e envio. Esses parâmetros são essenciais para garantir uma experiência de compra tranquila para seus clientes e para garantir que você receba pagamentos de forma eficaz e segura.

a. Configuração dos parâmetros de pagamento

A primeira parte desta etapa envolve a configuração dos parâmetros de pagamento. O Shopify oferece uma variedade de opções de pagamento que você pode oferecer aos seus clientes, incluindo cartões de crédito, PayPal, Apple Pay e muito mais. Para configurar seus parâmetros de pagamento, vá para o painel da sua loja Shopify e clique em "Configurações", depois em "Pagamentos". Aqui, você verá uma lista dos diferentes provedores de pagamento que pode usar. O Shopify Payments é o provedor de pagamento padrão do Shopify e é uma opção popular para muitos proprietários de lojas. Ele oferece integração perfeita com sua loja Shopify, aceita várias formas de pagamento e oferece taxas competitivas. Para ativar o Shopify Payments, clique em "Ativar" ao lado de Shopify Payments e siga as instruções para configurar sua conta. Se preferir usar outro provedor de pagamento ou desejar oferecer várias opções de pagamento aos seus clientes, você também pode ativar outros provedores de pagamento. Basta clicar em "Escolher um provedor de pagamento alternativo" e selecionar o provedor de pagamento que deseja usar. É importante observar que diferentes provedores de pagamento podem ter taxas diferentes, opções de pagamento diferentes e requisitos diferentes para o uso de seus serviços. Certifique-se de fazer sua pesquisa e escolher o provedor de pagamento que melhor atenda às suas necessidades e às de seus clientes.

b. Configuração dos parâmetros de envio

A segunda parte desta etapa envolve a configuração dos parâmetros de envio. Esses parâmetros determinam como e para onde você envia seus produtos, quanto cobra pelo envio e quais opções de envio oferece aos seus clientes. Para configurar seus parâmetros de envio, vá para o painel da sua loja Shopify e clique em "Configurações", depois em "Envio". Aqui, você verá várias opções para configurar seus parâmetros de envio. A primeira coisa que você precisa fazer é configurar suas zonas de envio. As zonas de envio são as regiões geográficas onde você está disposto a enviar seus produtos. Para cada zona de envio, você pode definir tarifas de envio específicas e métodos de envio. Para adicionar uma zona de envio, clique em "Adicionar uma zona de envio", dê um nome à sua zona e selecione os países ou regiões que fazem parte dessa zona. Depois de adicionar os países ou regiões, você pode definir suas tarifas de envio para essa zona.

As tarifas de envio são as taxas que você cobra de seus clientes pelo envio de seus produtos. Você pode definir tarifas de envio fixas, tarifas com base no peso ou tarifas com base no preço. Você também pode oferecer frete grátis, o que pode ser um incentivo poderoso para os clientes. Além de definir suas tarifas de envio, você também pode escolher os métodos de envio que deseja oferecer aos seus clientes. O Shopify permite que você integre-se a serviços de envio como o UPS, FedEx e USPS para oferecer uma variedade de opções de envio aos seus clientes. Isso permite que seus clientes escolham o método de envio que melhor atenda às suas necessidades e orçamento.

c.   Cálculo automático de tarifas de envio

Uma das vantagens do Shopify é a capacidade de calcular automaticamente as tarifas de envio com base nas configurações que você definir. Isso significa que, quando um cliente fizer um pedido, o Shopify calculará automaticamente as tarifas de envio com base no peso, no preço ou em outras configurações que você escolher. Isso torna o processo de compra mais transparente para seus clientes e facilita o gerenciamento de envios para você. Para habilitar o cálculo automático de tarifas de envio, vá para as configurações de envio no seu painel Shopify e escolha a opção "Calcular automaticamente as tarifas de envio". Em seguida, configure suas tarifas com base nas opções que melhor se adequam ao seu negócio.

d.   Conclusão

A configuração dos parâmetros de pagamento e envio é uma etapa essencial para criar uma loja Shopify funcional e eficaz. Ao configurar opções de pagamento seguras e convenientes para seus clientes e oferecer opções de envio flexíveis, você pode criar uma experiência de compra agradável e sem problemas. Certifique-se de revisar e ajustar regularmente suas configurações de pagamento e envio para atender às necessidades em evolução do seu negócio e dos seus clientes. Com uma configuração sólida, você estará pronto para começar a receber pedidos e crescer o seu negócio de comércio eletrônico.

◆ ◆ ◆

5.   Etapa 5: Escolha e personalização de um tema para sua loja

A aparência da sua loja online desempenha um papel crucial na experiência de compra dos seus clientes. Um design atraente e profissional pode ajudar a atrair clientes, reforçar a credibilidade da sua marca e aumentar as conversões. O Shopify oferece uma variedade de temas que você pode usar em sua loja, cada um oferecendo uma paleta única de estilos, recursos e opções de personalização.

a.   Escolhendo um tema Shopify

Para escolher um tema para a sua loja Shopify, comece navegando até a seção "Temas" no seu painel de controle do Shopify. Você pode acessá-la clicando em "Temas" no menu à esquerda do seu painel de controle.

Uma vez na seção "Temas", você verá uma variedade de temas gratuitos e pagos para escolher. Os temas gratuitos são uma excelente opção se você está começando ou tem um orçamento limitado. Eles oferecem um design limpo e profissional que pode ser suficiente para muitas lojas.

Os temas pagos, por outro lado, geralmente oferecem mais

recursos e opções de personalização. Eles podem incluir recursos adicionais, como slideshows, seções de produtos em destaque, integrações de mídia social e muito mais. Se você tem um orçamento maior e deseja um design mais exclusivo para a sua loja, um tema pago pode ser um bom investimento.

Ao escolher um tema, pense na aparência e na sensação que você deseja para a sua loja. Considere a sua marca, os seus produtos e o seu público-alvo. Por exemplo, se você vende produtos de luxo, talvez queira um tema que reflita essa imagem de alta qualidade. Se você vende produtos divertidos e coloridos, um tema mais lúdico e vibrante pode ser mais apropriado.

b. Personalização do seu tema

Depois de escolher um tema, você pode personalizá-lo para que ele corresponda à sua marca e aos seus produtos. Para fazer isso, clique em "Personalizar" ao lado do tema que você escolheu. Isso o levará ao editor de temas do Shopify, onde você pode editar cores, fontes, imagens, layouts e muito mais.

O editor de temas do Shopify é projetado para ser fácil de usar, mesmo se você não tiver experiência em design ou codificação. Ele utiliza um sistema de arrastar e soltar que permite adicionar, remover e reorganizar seções da sua loja facilmente. Você também pode clicar em qualquer seção para editar as configurações, como alterar uma imagem de fundo ou modificar o texto.

Ao personalizar o seu tema, mantenha em mente a experiência do usuário. Certifique-se de que a sua loja seja fácil de navegar, que os seus produtos sejam destacados e que a sua marca seja claramente representada. Use imagens de alta qualidade, descrições de produtos claras e detalhadas e uma paleta de cores que corresponda à sua marca.

c. Conclusão

A escolha e personalização de um tema para a sua loja Shopify são passos importantes para criar uma loja online atraente e eficaz. Ao escolher um tema que corresponda à sua marca e aos seus produtos, e ao personalizá-lo para atender às necessidades dos seus clientes, você pode criar uma loja que atrai clientes, reforça a credibilidade da sua marca e aumenta as conversões.

◆ ◆ ◆

6. Etapa 6: Otimização da sua loja para SEO

A otimização para motores de busca (SEO) é um elemento crucial para aumentar a visibilidade da sua loja Shopify. Ao otimizar a sua loja para SEO, você aumenta as chances de que a sua loja apareça nos resultados de pesquisa de motores de busca como o Google, o que pode levar a um aumento no tráfego para a sua loja e, finalmente, mais vendas. Aqui estão algumas etapas-chave para otimizar a sua loja Shopify para SEO.

a. Entendendo o SEO

Antes de começar a otimizar a sua loja, é importante entender o que é o SEO e por que é importante. O SEO, ou otimização para motores de busca, é o processo de melhorar o seu site para aumentar a sua visibilidade nos resultados de pesquisa orgânicos dos motores de busca. Quanto mais visível o seu site nos resultados de pesquisa, mais provável é atrair visitantes para o seu site. O SEO é importante porque pode ajudar a aumentar o tráfego para o seu site, o que pode levar a mais vendas.

b. Otimização de títulos de produtos, descrições e tags alt de imagens

Um dos primeiros passos na otimização da sua loja para SEO é garantir que os títulos dos seus produtos, descrições e tags alt de imagens contenham palavras-chave relevantes que os seus clientes possam usar para encontrar os seus produtos. Esses elementos são importantes porque ajudam os motores de busca a entender do que se trata o seu site e quando ele deve aparecer nos resultados de pesquisa.

Para otimizar os títulos dos seus produtos, tente incluir palavras-chave relevantes que descrevam o seu produto e que os seus clientes possam usar ao procurar produtos semelhantes. Por exemplo, se você vende tênis de corrida, pode incluir palavras-chave como "tênis de corrida", "tênis esportivos" ou "tênis de corrida para mulheres" nos seus títulos de produtos.

Da mesma forma, as descrições dos seus produtos devem ser detalhadas e conter palavras-chave relevantes. No entanto, é importante garantir que as suas descrições de produtos sejam escritas para os humanos e não para os motores de busca. Isso significa que elas devem ser informativas, interessantes e úteis para os seus clientes, ao mesmo tempo que contêm palavras-chave relevantes.

Por último, não se esqueça de otimizar as tags alt de imagens. As tags alt de imagens são descrições textuais das suas imagens que ajudam os motores de busca a entender o que as suas imagens representam. Elas também são úteis para os utilizadores que não conseguem ver as suas imagens por algum motivo, como aqueles que utilizam leitores de tela. Para otimizar as tags alt de imagens, tente incluir palavras-chave relevantes que descrevam a imagem e o produto que ela representa.

c. Otimização da estrutura do seu site

A estrutura do seu site, ou como as suas páginas estão organizadas e ligadas umas às outras, é outro elemento importante na otimização para motores de busca. Uma boa estrutura de site pode ajudar os motores de busca a entender o seu site e a determinar quais são os conteúdos mais importantes. Também pode ajudar os seus visitantes a navegar no seu site e a encontrar o que procuram, o que pode levar a uma melhor experiência do utilizador e a um aumento nas vendas.

Para otimizar a estrutura do seu site, tente mantê-lo o mais simples e organizado possível. Isso significa que você deve ter uma hierarquia clara de páginas, com páginas principais que se ligam a subpáginas relevantes. Por exemplo, você pode ter uma página principal para "Tênis" que se liga a subpáginas para "Tênis de corrida", "Tênis para caminhada" e "Tênis para trilhas".

Também é importante usar links internos para ligar as suas páginas entre si. Os links internos são links que vão de uma página do seu site para outra página do seu site. Eles ajudam os motores de busca a entender a relação entre as suas páginas e podem ajudar a melhorar a classificação do seu site nos resultados de pesquisa.

d. Otimização da velocidade do seu site

A velocidade do seu site é outro fator importante para o SEO. Os motores de busca, como o Google, levam em consideração a velocidade do seu site quando determinam onde classificar o seu site nos resultados de pesquisa. Além disso, um site lento pode frustrar os seus visitantes e levá-los a sair do seu site, o que pode resultar em menos vendas.

Para otimizar a velocidade do seu site, você pode usar ferramentas como o Google PageSpeed Insights ou o GTmetrix para analisar a velocidade do seu site e obter recomendações sobre como melhorá-la. Isso pode incluir coisas como a compressão das suas imagens, a redução do número de plugins ou aplicativos que você utiliza e a otimização do seu código.

e. Utilização de análises de SEO

Por fim, é importante utilizar análises de SEO para acompanhar o desempenho do seu site e identificar áreas que podem precisar de melhorias. O Shopify oferece uma variedade de ferramentas de análise de SEO que você pode usar para acompanhar o desempenho do seu site, incluindo o Google Analytics, o Google Search Console e a sua própria ferramenta de análise de SEO integrada.

Essas ferramentas podem ajudá-lo a entender como os visitantes interagem com o seu site, quais palavras-chave eles usam para encontrar o seu site e quais são as páginas do seu site mais populares. Você pode usar essas informações para melhorar o seu site e a sua estratégia de SEO.

Em conclusão, a otimização da sua loja Shopify para SEO é um processo importante que pode ajudar a aumentar a visibilidade da sua loja, atrair mais visitantes e aumentar as vendas. Ao compreender o SEO, otimizar os títulos dos seus produtos, descrições e tags alt de imagens, otimizar a estrutura do seu site, melhorar a velocidade do seu site e usar análises de SEO, você pode criar uma loja Shopify que está otimizada para o SEO e pronta para ter sucesso.

◆ ◆ ◆

7.   Etapa 7: Configuração do Google Analytics e Facebook Pixel

A configuração do Google Analytics e do Facebook Pixel é uma etapa crucial para acompanhar o desempenho da sua loja e entender o comportamento dos seus clientes. Essas ferramentas permitem que você colete dados valiosos sobre as interações dos usuários com o seu site, o que pode ajudar a otimizar a sua loja e melhorar os seus esforços de marketing.

a. Parte 1: Configuração do Google Analytics

O Google Analytics é um serviço gratuito que permite acompanhar o tráfego do seu site e entender como os visitantes interagem com a sua loja. Ele fornece acesso a uma variedade de dados, incluindo o número de visitantes no seu site, o tempo que eles passam no seu site, as páginas que eles visitam e muito mais.

Para configurar o Google Analytics no Shopify, você primeiro precisa criar uma conta no Google Analytics. Depois de criar a sua conta, você receberá um ID de rastreamento do Google Analytics, que precisará adicionar à sua loja Shopify. Aqui estão os passos para configurar o Google Analytics no Shopify:

    i.   *Crie uma conta no Google Analytics, se ainda não tiver uma. Você pode fazer isso visitando o site do Google Analytics e seguindo as instruções para criar uma nova conta.*

    ii.   *Depois de criar a sua conta, você receberá um ID de rastreamento do Google Analytics. Este ID é exclusivo para a sua conta e é necessário para conectar a sua loja Shopify ao Google Analytics.*

    iii.   *Faça login na sua conta Shopify e vá para o painel da sua loja.*

    iv.   *Clique em "Configurações" no menu à esquerda e depois em "Preferências".*

v.   *Role para baixo até a seção "Google Analytics" e cole o seu ID de rastreamento do Google Analytics no campo designado.*

vi.   *Clique em "Salvar" para salvar as suas alterações.*

Depois de adicionar o seu ID de rastreamento do Google Analytics à sua loja Shopify, o Google Analytics começará a rastrear o tráfego do seu site. Você pode visualizar os seus dados do Google Analytics fazendo login na sua conta do Google Analytics e navegando até o seu painel do Google Analytics.

b.   Parte 2: Configuração do Facebook Pixel

O Facebook Pixel é uma ferramenta de rastreamento que permite medir a eficácia dos seus anúncios no Facebook, acompanhando as ações que os utilizadores realizam no seu site. Com o Facebook Pixel, você pode acompanhar conversões, criar audiências personalizadas para os seus anúncios e obter informações valiosas sobre como os utilizadores interagem com o seu site após verem os seus anúncios no Facebook.

Para configurar o Facebook Pixel no Shopify, você precisa primeiro criar um pixel do Facebook. Depois de criar o seu pixel, você receberá um ID de pixel que precisará adicionar à sua loja Shopify. Aqui estão os passos para configurar o Facebook Pixel no Shopify:

i.   *Crie um pixel do Facebook se ainda não tiver um. Você pode fazer isso visitando o Gerenciador de Anúncios do Facebook e seguindo as instruções para criar um novo pixel.*

ii.   *Depois de criar o seu pixel, você receberá um ID de pixel. Este ID é exclusivo para o seu pixel e é necessário para conectar a sua loja Shopify ao Facebook Pixel.*

iii. *Faça login na sua conta Shopify e vá para o painel da sua loja.*

iv.   *Clique em "Configurações" no menu à esquerda e depois em "Preferências".*

v.   *Role para baixo até a seção "Facebook Pixel" e cole o seu ID de pixel no campo designado.*

vi.   *Clique em "Salvar" para salvar as suas alterações.*

Depois de adicionar o seu ID de pixel à sua loja Shopify, o Facebook Pixel começará a rastrear as ações dos utilizadores no seu site. Você pode visualizar os seus dados do Facebook Pixel fazendo login na sua conta do Facebook e navegando até o seu painel do Facebook Pixel.

É importante notar que o Facebook Pixel e o Google Analytics funcionam de forma complementar. Enquanto o Google Analytics fornece informações detalhadas sobre o comportamento dos utilizadores no seu site, o Facebook Pixel permite que você compreenda como os utilizadores interagem com os seus anúncios no Facebook. Usando essas duas ferramentas em conjunto, você pode obter uma visão completa da eficácia da sua loja e dos seus esforços de marketing.

c.   Parte 3: Utilização do Google Analytics e Facebook Pixel para melhorar a sua loja

Depois de configurar o Google Analytics e o Facebook Pixel, você pode começar a utilizar os dados que eles fornecem para melhorar a sua loja. Aqui estão algumas maneiras de utilizar essas ferramentas:

i.   *Compreender os seus clientes:*

O Google Analytics e o Facebook Pixel fornecem informações valiosas sobre os seus clientes, incluindo a sua localização, idade, género, dispositivos que utilizam para aceder ao seu site e muito mais. Você pode utilizar estas informações para compreender quem são os seus clientes e o que estão à procura.

ii.   *Acompanhar o desempenho da sua loja:*

Estas ferramentas permitem-lhe acompanhar uma variedade de métricas, incluindo o número de visitantes no seu site, o tempo que passam no seu site, as páginas que visitam, o número de conversões que obtém e muito mais. Você pode utilizar estas informações para compreender como a sua loja está a funcionar e onde pode fazer melhorias.

iii.   Otimizar os seus esforços de marketing:

O Google Analytics e o Facebook Pixel permitem-lhe acompanhar a eficácia dos seus esforços de marketing. Pode ver quais os anúncios que geram mais tráfego e conversões, quais os canais de marketing mais eficazes e muito mais. Pode utilizar estas informações para otimizar os seus esforços de marketing e obter um melhor retorno sobre o investimento.

iv.   Melhorar a experiência do utilizador:

Ao compreender como os utilizadores interagem com o seu site, pode fazer melhorias para tornar a sua experiência mais agradável. Por exemplo, se verificar que os utilizadores abandonam o seu site antes de concluir uma compra, pode procurar entender porquê e fazer alterações para facilitar o processo de compra.

Em conclusão, a configuração do Google Analytics e do Facebook Pixel na sua loja Shopify é uma etapa crucial para compreender os seus clientes, acompanhar o desempenho da sua loja, otimizar os seus esforços de marketing e melhorar a experiência do utilizador. Ao utilizar estas ferramentas, pode obter informações valiosas que o podem ajudar a crescer a sua loja e a alcançar os seus objetivos comerciais.

d.   Parte 4: Recursos adicionais

Para obter mais informações sobre a configuração do Google

Analytics e do Facebook Pixel no Shopify, pode consultar os seguintes guias:

i.   *Guia do Shopify sobre a configuração do Google Analytics*
https://help.shopify.com/en/manual/reports-and-analytics/
google-analytics/google-analytics-setup

ii.   *Guia do Shopify sobre a configuração do Facebook Pixel*
https://help.shopify.com/en/manual/promoting-marketing/
analyze-marketing/meta-pixel

iii.   *Guia do Google sobre a utilização do Google Analytics*
https://support.google.com/analytics/answer/12183125?hl=en

iv.   *Guia do Facebook sobre a configuração do Facebook Pixel*
https://www.facebook.com/business/
help/952192354843755?id=1205376682832142

Estes guias fornecem instruções detalhadas sobre a configuração destas ferramentas, bem como informações sobre como utilizá-las para melhorar a sua loja.

e. Parte 5: Conclusão

A configuração do Google Analytics e do Facebook Pixel pode parecer intimidante no início, mas uma vez que compreenda como estas ferramentas funcionam e como utilizá-las, podem ser aliadas valiosas para o ajudar a crescer a sua loja Shopify. Ao utilizar estas ferramentas para compreender os seus clientes, acompanhar o desempenho da sua loja, otimizar os seus esforços de marketing e melhorar a experiência do utilizador, pode criar uma loja Shopify que não só é atrativa para os seus clientes, mas também eficaz na realização dos seus objetivos comerciais.

8.   Etapa 8: Lançamento da sua loja Shopify

a.   Parte 1: Preparação para o lançamento

Antes de lançar a sua loja, é crucial fazer algumas encomendas de teste para verificar o bom funcionamento do processo de pagamento. Isso permite garantir que as configurações da sua loja, incluindo o processo de pagamento, o processamento de pedidos, o inventário, o envio e os impostos, funcionem corretamente. Para fazer um pedido de teste, pode utilizar o modo de teste do Shopify Payments ou utilizar um verdadeiro fornecedor de pagamento e cancelar e reembolsar imediatamente o pedido.

b.   Parte 2: Simulação de transações bem-sucedidas e malsucedidas

É importante simular tanto transações bem-sucedidas quanto malsucedidas para ver as mensagens de erro que podem ser exibidas a um cliente durante o pagamento. Para simular uma transação bem-sucedida, pode adicionar um produto ao seu carrinho e seguir o processo de pagamento como se fosse um cliente. Para simular uma transação malsucedida, pode utilizar números de cartão de crédito específicos para gerar mensagens de erro.

c.   Parte 3: Remoção da senha da sua loja online

Quando estiver pronto para lançar a sua loja, pode remover a senha da sua loja online. Durante o seu período de teste gratuito, a sua loja online é automaticamente protegida por uma senha. Pode remover a senha da sua loja online a partir da página de temas ou da página de preferências na secção de loja online na sua administração Shopify.

d. Parte 4: Sua lista de verificação para o lançamento da sua loja Shopify

Antes de lançar a sua loja, é útil ter uma lista de verificação para garantir que tenha preparado adequadamente a sua loja para o lançamento. Esta lista de verificação pode incluir elementos como adicionar os seus canais de venda selecionados, adicionar um domínio personalizado, rever a sua experiência de pagamento e opções, configurar as suas páginas padrão, rever as configurações de notificações por e-mail, realizar uma auditoria de conteúdo, instalar uma ferramenta de análise e otimizar para motores de busca (SEO).

e. Parte 5: Otimização de todas as imagens do seu site

É importante otimizar todas as imagens do seu site para garantir tempos de carregamento rápidos. Imagens que carregam lentamente podem prejudicar a experiência do usuário no seu site e o desempenho nos motores de busca. O Shopify oferece ferramentas para ajudar a otimizar as suas imagens para a web.

f. Parte 6: Conclusão

O lançamento da sua loja Shopify é uma etapa emocionante e importante. Ao dedicar tempo para preparar adequadamente a sua loja para o lançamento, pode garantir que ela esteja pronta para receber clientes e vender produtos.

9. Conclusão: Lançamento bem-sucedido da sua loja Shopify

C riar uma loja Shopify pode parecer uma tarefa desafiadora, mas com as instruções certas e um pouco de paciência, pode criar uma loja online bem-sucedida. Seguindo estes passos, estará bem posicionado para lançar a sua própria loja Shopify e começar a vender produtos online. No entanto, para garantir o sucesso da sua loja, é importante considerar alguns elementos adicionais.

a. Adicione os seus canais de venda selecionados

De acordo com dados da Statista, espera-se que o número de compradores digitais nos Estados Unidos atinja 291,2 milhões até 2025. Os consumidores agora esperam uma experiência omnicanal das marcas. Pode adicionar os canais de venda disponíveis na sua loja, como eBay, Amazon, Instagram, Facebook, Google Shopping, TikTok, botão de compra e links de pagamento, Pinterest.

b. Adicione um domínio personalizado

Adicionar um domínio personalizado ao seu site proporciona reconhecimento de marca e facilita a memorização da sua URL. Pode fazer uma pesquisa de nomes de domínio para verificar se o nome da sua empresa está disponível.

c. Reveja a sua experiência de pagamento e opções

Antes de direcionar tráfego para a sua loja, certifique-se de que as pessoas possam realmente efetuar uma compra. De acordo com o Instituto Baymard, a taxa média de abandono do carrinho de compras online documentada é de quase 70%. É sensato corrigir qualquer erro e eliminar qualquer atrito durante o pagamento.

d. Prepare as suas páginas padrão

Ter algumas páginas que os visitantes possam explorar para obter mais informações sobre a sua empresa é importante. De acordo com a pesquisa do Shopify, os compradores que visitam uma nova loja procuram determinar se a loja é uma empresa respeitável e se trata os seus clientes de forma justa.

e. Revise as configurações de notificações por e-mail

Certifique-se de que os seus clientes recebam confirmações de pedidos e atualizações de estado por e-mail. Pode personalizar esses e-mails para que correspondam à sua marca.

f. Realize uma auditoria de conteúdo

Revise todas as páginas do seu site para garantir que não haja erros de ortografia ou gramática, que todos os links funcionem e que todas as imagens sejam exibidas corretamente.

g. Instale uma ferramenta de análise

O Google Analytics é uma excelente ferramenta para acompanhar o desempenho da sua loja. Pode ver quantas pessoas visitam o seu site, quanto tempo passam nele, quais páginas visitam e muito mais.

h. Concentre-se na otimização para motores de busca (SEO)

O SEO é crucial para aumentar a visibilidade da sua loja online. Certifique-se de que o seu site esteja otimizado para motores de busca, usando palavras-chave relevantes, criando conteúdo de qualidade e obtendo links de retorno de qualidade.

i.   Otimize todas as imagens

As imagens são essenciais para a experiência do usuário, especialmente no comércio eletrônico. É difícil vender um produto a menos que um cliente possa vê-lo. No entanto, tornar as imagens menores nem sempre melhora o desempenho. De fato, a forma como implementa o carregamento de imagens pode ter um impacto significativo na velocidade de carregamento da página e na mudança de layout. Aqui estão algumas dicas para otimizar as imagens para a sua loja Shopify:

i.   *Nunca carregue preguiçosamente a sua imagem LCP (Largest Contentful Paint):*

O LCP é uma métrica centrada no usuário que reflete a velocidade de carregamento da página ou a percepção da velocidade de carregamento. É o tempo necessário para que o elemento mais grande na janela de visualização seja renderizado. Se carregar preguiçosamente a sua imagem LCP, terá de esperar que a página seja renderizada e que o navegador execute o IntersectionObserver antes de perceber que a imagem está visível e finalmente solicitar o arquivo de imagem. Isso pode resultar em um atraso significativo.

ii.   *Use o carregamento preguiçoso nativo em vez de bibliotecas de terceiros:*

Atualmente, o carregamento preguiçoso nativo usando o atributo loading da tag <img> é compatível nos navegadores para 92% dos usuários globais. Portanto, recomendamos usar o carregamento preguiçoso nativo para que 92% dos usuários possam se beneficiar da melhor experiência.

iii.   *Evite a renderização no lado do cliente:*

Os frameworks JavaScript no frontend, como Vue e React, se tornaram populares nos últimos anos, e vimos isso refletido nos temas. No entanto, esses frameworks podem ter um impacto negativo significativo no desempenho. Normalmente, eles enviam uma quantidade mínima de HTML para o navegador, que executará muito JavaScript e, em seguida, esse JavaScript renderizará a página dentro do navegador. Esse padrão de renderização no lado do cliente atrasa significativamente a renderização inicial.

Em resumo, criar uma loja Shopify bem-sucedida requer um planejamento e implementação cuidadosos. Seguindo estas dicas, pode otimizar a sua loja para oferecer uma experiência de usuário excepcional, melhorar a sua classificação nos motores de busca e, finalmente, aumentar as suas vendas. Boa sorte na sua aventura com o Shopify!

CAPÍTULO 4: COMO ESCOLHER UM NICHO PARA SUA LOJA SHOPIFY

A escolha de um nicho para a sua loja Shopify é um passo crucial para o sucesso do seu negócio de dropshipping. Um nicho bem escolhido pode ajudar você a direcionar sua estratégia de marketing, atrair o público certo e construir sua marca. Na verdade, um nicho é como um farol que guia o seu negócio através do vasto oceano do comércio eletrônico. Isso permite que você concentre seus esforços de marketing e vendas em um segmento específico do mercado, o que pode aumentar a eficácia de suas campanhas e melhorar o retorno sobre o investimento.

Neste capítulo, vamos explorar como escolher um nicho para sua loja Shopify. Vamos desmembrar o processo em várias etapas, começando com uma compreensão básica do que é um nicho e por que ele é importante. Em seguida, vamos examinar como identificar um nicho lucrativo, os fatores a serem considerados ao escolher um nicho e as ferramentas que podem ajudá-lo em sua pesquisa. Por fim, discutiremos a importância de validar sua ideia de nicho antes de mergulhar de cabeça.

Este capítulo foi projetado para ser um guia prático, repleto de dicas e estratégias que você pode aplicar imediatamente ao seu próprio negócio. Seja você um empreendedor iniciante ou um veterano do comércio eletrônico, esperamos que encontre informações valiosas que o ajudem a tomar uma decisão informada sobre a escolha do seu nicho.

1.   Entendendo o que é um nicho

Um nicho é um segmento específico do mercado que você escolhe para direcionar seus produtos. É como um pequeno enclave no vasto mundo do comércio eletrônico, onde você pode se concentrar e se destacar. Pode ser um grupo de pessoas, um tipo de produto ou um interesse específico. Por exemplo, se você vende roupas, um nicho poderia ser roupas de yoga sustentáveis para mulheres. Essa especificidade permite que você se concentre na criação de produtos que atendam às necessidades e desejos precisos desse grupo.

Entendendo o que é um nicho, você pode compreender melhor como ele pode ajudar seu negócio a crescer e prosperar. Um nicho bem definido pode fornecer uma direção clara para sua estratégia de marketing e produto, permitindo que você concentre seus esforços onde eles têm mais chance de dar resultados. Além disso, ao se concentrar em um nicho, você frequentemente pode evitar a concorrência direta com grandes empresas de comércio eletrônico, que podem ser difíceis de vencer em mercados mais amplos.

Você também pode usar esse entendimento para identificar oportunidades únicas que seu nicho pode oferecer. Cada nicho tem suas próprias tendências, desafios e oportunidades. Imerso em seu nicho e aprendendo tudo o que pode sobre ele, você pode descobrir oportunidades que outros podem perder. Seja uma nova tendência de produto, uma demanda não atendida ou uma nova maneira de comercializar seus produtos, essas oportunidades podem ajudá-lo a sair na frente da concorrência e a fazer seu negócio crescer.

◆ ◆ ◆

2.   Por que escolher um nicho é importante para a sua loja Shopify

Escolher um nicho é importante porque permite que você se concentre em um segmento específico do mercado e se destaque da concorrência. No mundo do comércio eletrônico, a concorrência é acirrada, e destacar-se pode ser um desafio. Ao escolher um nicho específico, você pode evitar a luta direta com grandes empresas pela atenção dos clientes e, em vez disso, focar em atender às necessidades únicas de um grupo específico de clientes.

Isso também pode ajudá-lo a direcionar seu marketing de maneira mais eficaz. Em vez de tentar agradar a todos, você pode criar mensagens de marketing que falem diretamente com seu público-alvo. Isso pode aumentar a eficácia de seus esforços de marketing e melhorar o retorno sobre o investimento.

Ao escolher um nicho, você também pode se concentrar em criar produtos que atendam às necessidades específicas desse grupo. Isso pode ajudá-lo a criar uma marca forte e consistente. Por exemplo, se você escolher o nicho de roupas de yoga sustentáveis para mulheres, pode se concentrar na criação de produtos que sejam não apenas funcionais e confortáveis para o yoga, mas também duráveis e amigáveis ao meio ambiente. Isso pode ajudá-lo a criar uma marca forte e atraente para seu público-alvo.

Além disso, atendendo às necessidades específicas de seu nicho, você pode construir um relacionamento mais forte com seus clientes e aumentar sua fidelidade. Os clientes que sentem que suas necessidades específicas são compreendidas e atendidas têm mais probabilidade de retornar para compras repetidas e de recomendar sua loja a outros. Isso pode levar a um crescimento sustentável e a longo prazo para o seu negócio.

3. Como identificar um nicho lucrativo

Identificar um nicho lucrativo é um processo que requer pesquisa aprofundada, análise minuciosa e compreensão clara do seu mercado-alvo. É uma etapa crucial que pode determinar o sucesso ou o fracasso do seu negócio de dropshipping.

Compreender as tendências de mercado é um primeiro passo essencial. Isso envolve examinar os produtos ou categorias de produtos que estão atualmente em alta. No entanto, é importante distinguir tendências duradouras de modas passageiras. Uma tendência duradoura é mais provável de proporcionar uma base de clientes estável e gerar vendas a longo prazo.

Em seguida, você deve compreender os interesses do seu

público-alvo. Isso significa saber o que seus clientes em potencial estão procurando, o que valorizam e o que estão dispostos a comprar. Isso pode ajudá-lo a escolher produtos que atendam às necessidades e desejos deles, o que pode aumentar suas chances de fazer vendas.

A identificação de oportunidades de produtos é outro fator-chave a ser considerado. Você deve procurar produtos com alto potencial de venda que ainda não estejam saturados no mercado. Isso pode envolver a busca por produtos exclusivos, a busca por maneiras de melhorar produtos existentes ou a segmentação de produtos para um segmento específico do mercado.

Para ajudar nesse processo, você pode usar ferramentas como o Google Trends, o Planejador de Palavras-chave e plataformas de mídia social. Essas ferramentas podem lhe dar uma ideia dos produtos ou categorias de produtos que estão atualmente em alta e têm potencial de crescimento. Elas também podem ajudá-lo a identificar as palavras-chave que seu público-alvo usa para pesquisar produtos, o que pode ajudar na otimização do seu marketing e SEO.

Além disso, é importante considerar a rentabilidade do nicho. Isso pode envolver a análise das margens de lucro potenciais, a demanda por produtos e a concorrência no mercado. Um nicho lucrativo será aquele que tem uma alta demanda por produtos, margens de lucro saudáveis e concorrência moderada. Também é importante considerar os custos associados à operação de sua loja, como as taxas da Shopify, os custos de envio e os custos de marketing.

Por fim, é essencial validar sua ideia de nicho antes de se comprometer totalmente. Isso pode envolver o teste de seu produto no mercado, a coleta de feedback de clientes em potencial e a análise do desempenho de seus concorrentes. Essa etapa de validação pode ajudar você a evitar investimentos desnecessários em produtos ou mercados que não sejam lucrativos.

Em resumo, identificar um nicho lucrativo é um processo que requer planejamento estratégico, pesquisa aprofundada e análise cuidadosa. Ao dedicar tempo a esse trabalho preliminar, você pode aumentar suas chances de escolher um nicho que o ajude a construir um negócio de dropshipping próspero e sustentável.

◆ ◆ ◆

4. Fatores a serem considerados ao escolher um nicho

A o escolher um nicho para sua loja Shopify, é essencial considerar vários fatores-chave que podem influenciar o sucesso de seu negócio. Esses fatores podem variar dependendo do seu mercado alvo, do seu produto e dos seus objetivos comerciais, mas todos desempenham um papel importante na determinação da viabilidade e da lucratividade do seu nicho.

Em primeiro lugar, o tamanho do mercado é um fator crucial. Um nicho com um mercado muito pequeno pode não oferecer clientes em potencial suficientes para sustentar seu negócio, enquanto um mercado muito grande pode ser excessivamente competitivo para uma nova empresa. É importante encontrar um equilíbrio e escolher um nicho com um tamanho de mercado adequado para oferecer oportunidades de crescimento, mas que não esteja tão saturado a ponto de ser difícil de se destacar.

Em segundo lugar, a demanda por produtos em seu nicho

também é um fator-chave. Uma demanda forte por produtos pode indicar um mercado saudável e ativo, aumentando suas chances de realizar vendas. Você pode avaliar a demanda de produtos usando ferramentas como o Google Trends, o Planejador de Palavras-chave ou analisando as vendas de produtos semelhantes na Shopify ou outras plataformas de comércio eletrônico.

Em terceiro lugar, a concorrência em seu nicho é outro fator a ser considerado. Uma concorrência excessiva pode tornar difícil conquistar uma parcela de mercado, enquanto uma concorrência insuficiente pode indicar falta de interesse ou demanda pelos produtos do seu nicho. É importante fazer uma análise de concorrência para entender quem são seus concorrentes, quais produtos eles oferecem e como você pode se diferenciar.

Em quarto lugar, sua paixão pelo assunto do seu nicho pode desempenhar um papel importante em seu sucesso. Gerenciar uma loja Shopify pode ser um trabalho desafiador e exigente, e ter paixão pelo que você faz pode ajudar a manter sua motivação e comprometimento. Além disso, sua paixão pode se traduzir em um melhor conhecimento dos produtos, uma compreensão mais profunda das necessidades dos clientes e uma maior disposição para fornecer um excelente atendimento ao cliente.

Por fim, sua capacidade de fornecer valor exclusivo aos seus clientes é um fator essencial a ser considerado. Isso pode envolver a oferta de produtos exclusivos, a prestação de um excelente atendimento ao cliente, a oferta de preços competitivos ou a criação de uma experiência de marca sólida. Ao oferecer valor exclusivo, você pode se destacar da concorrência, atrair e reter mais clientes.

Em resumo, escolher um nicho para sua loja Shopify é uma decisão complexa que requer reflexão e análise cuidadosa. Ao levar em consideração esses fatores, você pode aumentar suas chances de escolher um nicho que seja não apenas lucrativo, mas também alinhado com suas paixões e habilidades.

❖ ❖ ❖

5.   Ferramentas para ajudá-lo a encontrar um nicho

No processo de pesquisa e seleção de um nicho para sua loja Shopify, existem várias ferramentas e recursos que podem ajudá-lo a tomar uma decisão informada. Essas ferramentas podem ajudá-lo a identificar tendências atuais, entender a demanda por produtos, analisar a concorrência e descobrir novos nichos potenciais.

O Google Trends é uma ferramenta valiosa que pode ajudá-lo a entender as tendências atuais e prever tendências futuras. Ela permite que você veja como o interesse por um determinado termo de pesquisa evoluiu ao longo do tempo, o que pode lhe dar uma ideia da popularidade e da demanda por um produto ou nicho específico.

O Planejador de Palavras-chave é outra ferramenta útil que pode ajudá-lo a entender a demanda por produtos. Ele permite que você pesquise palavras-chave relacionadas ao seu nicho e veja quantas vezes essas palavras-chave são pesquisadas, o que pode lhe dar uma ideia da popularidade e da demanda por esses produtos.

As plataformas de mídia social, como o Facebook, o Instagram e o Twitter, também podem ser ferramentas valiosas para a pesquisa de nichos. Você pode usar essas plataformas para ver quais produtos são populares, quais são os interesses do seu público-alvo e como os produtos são comercializados e vendidos.

Além dessas ferramentas, a Shopify oferece recursos específicos para ajudar os proprietários de lojas a encontrar um nicho. O Shopify Compass é uma plataforma de aprendizado que oferece cursos, tutoriais e webinars sobre diversos aspectos da gestão de uma loja Shopify, incluindo a pesquisa de nichos. A Exchange Marketplace é uma plataforma onde você pode comprar e vender lojas Shopify, o que pode lhe dar uma ideia dos nichos que estão atualmente sendo lucrativos.

Essas ferramentas podem ajudá-lo a identificar tendências atuais, entender a demanda por produtos e analisar a concorrência. Elas também podem ajudá-lo a descobrir novos nichos potenciais que você talvez não considerasse de outra forma. Ao usar essas ferramentas e recursos, você pode tomar uma decisão mais informada e escolher um nicho que tenha o potencial de ser lucrativo e bem-sucedido.

6.   Como validar sua ideia de nicho

Depois de identificar um nicho potencial para sua loja Shopify, é crucial validar sua ideia antes de se comprometer totalmente. A validação de sua ideia de nicho permite confirmar que sua escolha de nicho tem potencial real de lucratividade e sucesso. Isso pode ajudar a evitar investimentos desnecessários em produtos ou mercados que não sejam lucrativos e garantir que você está no caminho certo.

Testar seu produto no mercado é uma etapa importante na

validação de sua ideia de nicho. Isso pode envolver o lançamento de uma versão mínima viável (MVP) de seu produto ou de sua loja para ver como ele é recebido pelos clientes. Você pode usar feedback e dados de vendas dessa fase de teste para avaliar o interesse do mercado por seu produto e ajustar seu produto ou estratégia de acordo.

A coleta de feedback de clientes em potencial é outra etapa crucial na validação. Isso pode envolver a realização de pesquisas, entrevistas ou grupos de discussão para entender as necessidades, desejos e preferências de seu público-alvo. O feedback dos clientes pode fornecer informações valiosas sobre o que funciona e o que não funciona em seu nicho e pode ajudar a refinar seu produto e sua estratégia de marketing.

A análise do desempenho de seus concorrentes também é uma parte importante da validação de sua ideia de nicho. Isso pode envolver a análise de seus produtos, estratégias de marketing, preços e feedback de clientes. Essa análise pode fornecer uma ideia do que está indo bem em seu nicho e onde existem oportunidades para você se destacar.

Por fim, é importante considerar os aspectos financeiros de seu nicho. Isso pode envolver a análise dos custos para entender os investimentos necessários para lançar e administrar sua loja, e a análise das receitas para estimar o potencial de lucro de seu nicho. Essas análises podem ajudar você a entender se seu nicho é financeiramente viável e se pode sustentar seu negócio a longo prazo.

Em resumo, a validação de sua ideia de nicho é uma etapa essencial que pode ajudar a evitar erros custosos e aumentar suas chances de sucesso. Ao dedicar tempo para testar seu produto, coletar feedback, analisar seus concorrentes e entender os aspectos financeiros de seu nicho, você pode garantir que está tomando uma decisão informada e lucrativa para sua loja

Shopify.

7.   Conclusão

A escolha de um nicho para sua loja Shopify é uma etapa importante para o sucesso de seu negócio. Ao dedicar tempo à pesquisa, análise e validação de seu nicho, você pode aumentar suas chances de sucesso e se destacar da concorrência. A escolha de um nicho é um processo contínuo que requer atenção e reflexão constantes. Ao permanecer flexível e estar disposto a adaptar seu nicho à medida que seu negócio cresce e o mercado evolui, você pode garantir que sua loja Shopify permaneça relevante e lucrativa.

CAPÍTULO 5: COMO ENCONTRAR FORNECEDORES DE DROPSHIPPING

O dropshipping é um modelo de negócios popular que revolucionou a forma como o comércio eletrônico é conduzido. Ele oferece uma oportunidade única para empreendedores lançarem um negócio online sem precisar investir em um estoque inicial, eliminando assim um dos principais obstáculos para ingressar no mundo do varejo.

No modelo de dropshipping, você, como varejista, não mantém os produtos que vende em estoque. Em vez disso, quando você vende um produto, compra o item de um terceiro - geralmente um atacadista ou fabricante - que então envia o produto diretamente para seu cliente. Isso significa que você pode se concentrar no marketing e nas vendas de seu negócio, sem se preocupar com a logística de armazenamento ou envio.

No entanto, embora o dropshipping possa parecer simples à primeira vista, o sucesso de um negócio de dropshipping depende em grande parte da escolha dos fornecedores. Um bom fornecedor não apenas será capaz de fornecer produtos de alta qualidade a preços competitivos, mas também será confiável no cumprimento dos prazos de entrega e no tratamento eficaz de devoluções e reclamações.

A seleção de um fornecedor de dropshipping não é uma tarefa que deve ser levada de ânimo leve. É uma decisão que pode ter um impacto significativo na viabilidade e rentabilidade de seu negócio. Este capítulo tem como objetivo orientá-lo pelo processo de pesquisa e seleção de fornecedores de dropshipping, fornecendo dicas práticas e estratégias para ajudá-lo a fazer a melhor escolha para seu negócio.

◆ ◆ ◆

1.   Compreender o papel dos fornecedores no dropshipping

No modelo de dropshipping, os fornecedores não são apenas vendedores, mas parceiros-chave de seu negócio. Seu papel vai além da simples oferta de produtos. Eles são responsáveis pela fabricação e envio dos produtos diretamente aos clientes em seu nome, o que os torna um elo essencial em sua cadeia de suprimentos.

Os fornecedores de dropshipping são, de certa forma, os bastidores de seu negócio. Enquanto você se concentra na construção de sua marca e na aquisição de clientes, eles cuidam da produção, embalagem, envio e, às vezes, até mesmo do atendimento pós-venda. Isso significa que a qualidade dos produtos que seus clientes recebem, a rapidez com que os recebem e a forma como os problemas são resolvidos são amplamente determinados por seus fornecedores.

Portanto, é essencial escolher fornecedores que não apenas sejam capazes de fornecer produtos de alta qualidade, mas também sejam confiáveis e eficientes. Um bom fornecedor de dropshipping será capaz de cumprir os prazos de entrega, lidar eficazmente com devoluções e trocas e oferecer um excelente atendimento ao cliente. Eles também serão capazes de se adaptar às suas necessidades em constante evolução à medida que seu negócio cresce.

Em última análise, seus fornecedores são uma extensão de seu negócio. Seu desempenho tem um impacto direto na satisfação de seus clientes e, consequentemente, no sucesso de seu negócio. Compreender seu papel crucial e escolher cuidadosamente seus parceiros pode fazer toda a diferença entre o sucesso e o fracasso no mundo do dropshipping.

◆ ◆ ◆

2. Diferentes plataformas para encontrar fornecedores

No universo do dropshipping, existem muitas plataformas online que facilitam a pesquisa e seleção de fornecedores. Essas plataformas variam em tamanho, alcance, tipos de produtos oferecidos e serviços adicionais que podem oferecer. Aqui está uma visão mais detalhada de algumas dessas plataformas:

a. Alibaba:

Alibaba é uma das maiores plataformas B2B do mundo, conectando compradores a fabricantes e fornecedores em todo o mundo. Com uma ampla variedade de produtos e fornecedores, o Alibaba oferece grande flexibilidade para empresas de dropshipping. No entanto, é importante notar que a maioria dos fornecedores no Alibaba está sediada na Ásia, o que pode resultar em prazos de entrega mais longos.

b. AliExpress:

Uma subsidiária do Alibaba, o AliExpress funciona mais como uma plataforma B2C, permitindo que empresas de dropshipping comprem produtos individualmente. É uma opção popular para aqueles que estão começando no dropshipping devido à facilidade de uso e aos baixos requisitos de pedido mínimo.

c. SaleHoo:

SaleHoo é um diretório de atacadistas e fornecedores de dropshipping que oferece acesso a mais de 8.000 fornecedores internacionais. SaleHoo se destaca por seu sólido atendimento ao cliente e recursos educacionais para ajudar os novos empreendedores a ter sucesso.

d. Doba:

Doba é uma plataforma de dropshipping que oferece acesso a milhões de produtos de centenas de fornecedores. Com o Doba, você pode pesquisar produtos, gerenciar seus fornecedores e inventário, e fazer pedidos diretamente na plataforma.

Além dessas plataformas, existem outras opções que podem ser mais adequadas para necessidades específicas:

e. Automizely:

Automizely é uma plataforma de dropshipping que se concentra em simplificar a pesquisa de produtos para vender online. Com o Automizely, você pode acessar uma ampla variedade de produtos no AliExpress com apenas alguns cliques, facilitando a adição de novos produtos à sua loja.

f. Printful:

Printful é um serviço de dropshipping sob demanda que se especializa em produtos personalizados. Com o Printful, seus clientes podem escolher entre uma variedade de obras de arte para imprimir em produtos como moletons, camisetas, capas de laptop e muito mais. É uma ótima opção para empresas que desejam oferecer produtos personalizados.

g. DropnShop:

DropnShop é um aplicativo de dropshipping projetado especificamente para lojas online que vendem produtos franceses. Ele oferece produtos de principais fabricantes franceses e tem milhares de referências em várias categorias. É uma excelente opção para aqueles que desejam se concentrar no mercado francês.

h. Glowroad:

Glowroad é um aplicativo de dropshipping Shopify que se concentra no mercado indiano. Com o Glowroad, você pode enviar itens para o Reino Unido, EUA, Austrália, Canadá e mais de 30 países. É uma opção interessante para quem deseja atingir o mercado indiano.

Além dessas plataformas, também existem outras opções que valem a pena explorar:

i. Spocket:

Spocket é uma plataforma de dropshipping que se concentra em fornecedores com base nos Estados Unidos e na Europa. Isso pode ajudar a reduzir os prazos de entrega e oferecer produtos de melhor qualidade. Spocket também oferece fácil integração com plataformas de comércio eletrônico como Shopify e WooCommerce.

j. Oberlo:

Oberlo é outra plataforma popular que se integra diretamente ao Shopify. Ele permite que empreendedores encontrem produtos para vender online de diversos fornecedores ao redor do mundo. Oberlo também oferece ferramentas para auxiliar na definição de preços dos produtos, no gerenciamento de estoque e no envio.

k. Modalyst:

Modalyst é uma plataforma de dropshipping que oferece uma variedade de produtos de alta qualidade de fornecedores independentes e marcas de designer. Modalyst se destaca por sua seleção de produtos únicos que podem ajudar sua loja online a se destacar.

l. Dropified:

Dropified é uma plataforma de dropshipping que oferece ferramentas para automatizar muitos aspectos de seu negócio de dropshipping. Com o Dropified, você pode automatizar a adição de novos produtos, o gerenciamento de pedidos, o rastreamento de remessas e muito mais.

É importante observar que cada plataforma tem suas próprias vantagens e desvantagens, e o que funciona melhor para você dependerá de suas necessidades específicas como empresa de dropshipping. Portanto, é crucial realizar pesquisas aprofundadas e testar diferentes plataformas antes de tomar uma decisão.

3. Como entrar em contato com os fornecedores

Depois de identificar potenciais fornecedores para seu negócio de dropshipping, o próximo passo é entrar em contato com eles. Esta etapa é crucial, pois permite que você faça perguntas relevantes para avaliar se um fornecedor é a escolha certa para seu negócio. Por exemplo, você pode perguntar sobre prazos de entrega, políticas de devolução, capacidades de produção e padrões de qualidade.

Ao entrar em contato com um fornecedor, é importante se apresentar de forma profissional. Explique claramente quem você é, o que sua empresa faz e quais são suas necessidades de produtos. Certifique-se também de fazer perguntas específicas para obter todas as informações de que você precisa. Por exemplo, você pode perguntar:

• Qual é a média de seus prazos de entrega?

• Qual é sua política de devolução e reembolso?

• Qual é sua capacidade de produção?

• Como você garante a qualidade de seus produtos?

• Quais são seus preços e você oferece descontos para pedidos em grande quantidade?

Também é recomendável solicitar amostras de produtos para avaliar a qualidade. Isso pode ajudar a determinar se os produtos atendem às suas normas e às expectativas de seus clientes.

Por fim, não se esqueça de discutir as condições de pagamento e entender como e quando o fornecedor espera ser pago. Isso pode variar de um fornecedor para outro, portanto, é importante esclarecer isso desde o início para evitar mal-entendidos ou problemas futuros.

◆ ◆ ◆

4. Como negociar com os fornecedores

A negociação com os fornecedores é uma habilidade essencial para qualquer empreendedor de dropshipping. Pode ajudá-lo a obter melhores condições, preços mais baixos, prazos de entrega mais curtos e uma melhor qualidade de produto. Aqui estão algumas dicas para negociar eficazmente com seus fornecedores:

a. Prepare-se:

Antes de iniciar as negociações, faça sua pesquisa. Entenda o mercado, os preços médios, os prazos de entrega e os padrões de qualidade dos produtos que você deseja vender. Isso lhe dará uma posição de negociação mais forte.

b. Seja claro sobre suas expectativas:

Ao negociar com um fornecedor, seja claro sobre o que você espera dele. Seja em termos de preço, qualidade, prazos de entrega ou atendimento pós-venda, certifique-se de que o fornecedor compreenda suas expectativas.

c. Negocie em várias frentes:

Não se concentre apenas no preço. Embora o custo dos produtos seja importante, outros fatores também podem ser negociados, como prazos de entrega, condições de pagamento, qualidade dos produtos, etc.

d. Construa um relacionamento:

A negociação não se trata apenas de números, também se trata de relacionamentos. Tente construir um relacionamento positivo com seus fornecedores. Isso pode levar a condições melhores a longo prazo.

e. Esteja disposto a fazer concessões:

A negociação é um processo de dar e receber. Você pode não conseguir tudo o que deseja, portanto, esteja disposto a fazer concessões. No entanto, certifique-se de que as concessões que você faz não afetem a qualidade de seus produtos ou o serviço que você oferece aos seus clientes.

f. Siga o processo:

Depois de chegar a um acordo, certifique-se de formalizá-lo por escrito. Isso pode ser na forma de um contrato ou acordo de compra. Certifique-se de que todos os detalhes do acordo estejam claramente especificados e que ambas as partes entendam suas obrigações.

Por fim, lembre-se de que a negociação é um processo contínuo. As condições do mercado, os custos de produção e outros fatores podem mudar, portanto, é importante revisar regularmente seus acordos com seus fornecedores.

◆ ◆ ◆

5. Erros a evitar ao selecionar fornecedores

A seleção de fornecedores é uma etapa crucial no processo de criação de um negócio de dropshipping. No entanto, existem vários erros comuns que os empreendedores frequentemente cometem nesta etapa. Aqui estão alguns desses erros e como evitá-los:

a. Escolher fornecedores baseados apenas no preço:

Embora o preço seja um fator importante, não deve ser o único critério de seleção. Um fornecedor que oferece preços baixos pode não ser capaz de fornecer qualidade consistente ou entrega confiável. Portanto, é importante considerar outros fatores, como a qualidade dos produtos, a confiabilidade da entrega e o atendimento ao cliente.

b. Não verificar a qualidade dos produtos:

A qualidade dos produtos que você vende terá um impacto direto na satisfação de seus clientes e na reputação de sua empresa. Portanto, é essencial verificar a qualidade dos produtos de um fornecedor antes de decidir trabalhar com ele. Isso pode envolver a solicitação de amostras dos produtos, a verificação das certificações de qualidade ou a leitura das avaliações de outros clientes.

c. Não estabelecer boas relações com os fornecedores:

Um bom relacionamento com seus fornecedores pode ajudá-lo a obter melhores condições, a resolver problemas rapidamente e a obter um serviço mais personalizado. Portanto, é importante se comunicar regularmente com seus fornecedores, tratá-los com respeito e buscar construir uma relação de confiança mútua.

d. Ignorar as avaliações e comentários dos fornecedores:

As avaliações e comentários dos fornecedores podem dar a você uma ideia de sua confiabilidade, qualidade de produtos e atendimento ao cliente. Portanto, é importante dedicar tempo para ler essas avaliações e comentários antes de escolher um fornecedor.

e. Não ter um plano B:

Mesmo com o melhor fornecedor, podem ocorrer problemas imprevistos, como atrasos na entrega ou problemas de qualidade. Portanto, é importante ter um plano B em vigor, como um segundo fornecedor, para evitar que esses problemas afetem seu negócio.

Ao evitar esses erros, você pode aumentar suas chances de escolher os fornecedores certos para seu negócio de dropshipping e, assim, garantir a satisfação de seus clientes e o sucesso de sua empresa.

◆ ◆ ◆

6. Dicas adicionais para encontrar fornecedores de dropshipping

De acordo com um vídeo do YouTube de Austin Raven, aqui estão algumas dicas adicionais para encontrar fornecedores de dropshipping:

a. Trabalhe com um despachante:

Um despachante é uma empresa que lida com o envio de produtos da fábrica para seu cliente. Eles podem se comunicar diretamente com os fabricantes, negociar preços e cuidar da embalagem personalizada. Eles geralmente têm uma melhor comunicação e se importam mais com você do que os fabricantes.

b. Não confie apenas em um site para encontrar um fornecedor:

Seja o AliExpress, Spocket, ZenDrop ou qualquer outro site, todos eles têm bons fornecedores, mas você precisa tirar um tempo para encontrá-los. É um jogo de números, então não hesite em entrar em contato com muitos fornecedores.

c. Verifique as rotas de envio:

Alguns fornecedores podem ter rotas de envio mais rápidas disponíveis, mas elas podem não estar listadas em sua página de produto. Você precisará contatá-los diretamente para obter essas informações.

d. Peça amostras de produtos:

Antes de decidir trabalhar com um fornecedor, peça amostras dos produtos. Isso pode ajudar a verificar a qualidade dos produtos e garantir que eles atendam às suas expectativas.

e. Estabeleça boas relações com seus fornecedores:

Um bom relacionamento com seus fornecedores pode ajudá-lo a obter melhores preços e a resolver rapidamente quaisquer problemas que possam surgir. Portanto, é importante se comunicar regularmente com seus fornecedores e tratá-los como parceiros, não apenas fornecedores.

f. Peça descontos para pedidos em volume:

Se você planeja fornecer um volume constante de negócios para um fornecedor, não hesite em negociar descontos para pedidos em grande quantidade. Isso pode ajudar a aumentar sua margem de lucro e tornar seu negócio mais competitivo.

7.   Conclusão

A seleção de fornecedores é uma parte fundamental do sucesso de seu negócio de dropshipping. Escolher os fornecedores certos pode ajudar a garantir a qualidade dos produtos que você vende, a confiabilidade das entregas e a satisfação de seus clientes. É um processo que exige pesquisa, comunicação eficaz e negociação habilidosa.

Neste capítulo, você aprendeu sobre o papel dos fornecedores no dropshipping, as diferentes plataformas para encontrar fornecedores, como entrar em contato com os fornecedores, como negociar com eles e os erros a evitar durante o processo de seleção. Também foram fornecidas dicas adicionais para ajudá-lo a encontrar os fornecedores ideais para seu negócio.

Lembre-se de que a escolha de fornecedores é uma decisão contínua à medida que seu negócio cresce e evolui. Continuar a avaliar e melhorar seus relacionamentos com os fornecedores é fundamental para o sucesso a longo prazo de seu negócio de dropshipping.

CAPÍTULO 6: COMO ADICIONAR PRODUTOS À SUA LOJA SHOPIFY

A adição de produtos à sua loja Shopify é um passo crucial na configuração do seu negócio de comércio eletrônico. É através dos produtos que você pode mostrar aos seus clientes o que tem a oferecer e incentivá-los a fazer compras. Este guia o guiará pelo processo de adição de produtos à sua loja Shopify, passo a passo.

◆ ◆ ◆

1. Adicionar produtos via Shopify

a. Etapa 1: Acesse a página de produtos

O primeiro passo para adicionar produtos à sua loja Shopify é acessar a página de produtos. Faça login na sua conta Shopify e acesse o seu painel de controle. No lado esquerdo do painel de controle, você verá um menu de navegação. Clique em "Produtos" neste menu para acessar a página de produtos. Aqui, você verá uma lista de todos os produtos que já adicionou à sua loja.

b. Etapa 2: Adicione um novo produto

Depois de estar na página de produtos, você pode começar a adicionar um novo produto à sua loja. Para fazer isso, clique no botão "Adicionar produto" localizado no canto superior direito da página. Isso o redirecionará para uma nova página onde poderá inserir os detalhes do seu produto.

c. Etapa 3: Insira os detalhes do produto

Na página de adição de produto, você precisará inserir vários detalhes sobre o seu produto. Estas informações incluem:

i.   *Nome do produto: Este é o nome do seu produto. Deve ser descritivo e atrativo para os seus clientes.*

ii.   *Descrição: Aqui é onde você pode fornecer mais detalhes sobre o seu produto. Pode incluir informações sobre as características do produto, seu uso, benefícios, etc.*

iii.   *Imagens: Você pode fazer upload de imagens do seu produto aqui. Certifique-se de que suas imagens sejam de alta qualidade e mostrem seu produto em diferentes ângulos.*

iv.   *Preço: Este é o preço pelo qual você está vendendo seu produto. Você também pode adicionar um preço de comparação se o seu produto estiver em promoção.*

v.   *Estoque: Aqui, você pode gerenciar seu estoque. Pode adicionar um SKU (Stock Keeping Unit), um código de barras e a quantidade de produtos disponíveis.*

vi.   *Envio: Esta seção permite que você gerencie informações de envio do seu produto. Pode adicionar o peso do produto, o tamanho da embalagem e determinar se o produto requer envio físico.*

vii.   *Variantes do produto: Se o seu produto estiver disponível em diferentes variantes (por exemplo, tamanhos ou cores diferentes), você pode adicioná-los aqui.*

d. Etapa 4: Configure a visibilidade do produto

Depois de inserir todos os detalhes do seu produto, você pode configurar sua visibilidade. Você pode escolher se deseja que seu produto seja visível na sua loja online e também se deseja que ele esteja disponível em diferentes canais de venda, como Facebook ou Amazon.

e. Etapa 5: Salve o produto

Após inserir todas as informações necessárias e configurar a visibilidade do seu produto, não se esqueça de clicar em "Salvar" para adicionar o produto à sua loja. O botão "Salvar" está localizado no canto superior direito da página de adição de produto.

f. Etapa 6: Repita o processo

Agora que você adicionou um produto à sua loja Shopify, você pode repetir este processo para todos os outros produtos que deseja adicionar. Cada produto exigirá as mesmas informações básicas, mas lembre-se de que cada produto é único e pode exigir informações adicionais, dependendo da sua natureza.

◆ ◆ ◆

2. Adicionar produtos via aplicativo móvel Shopify

Além da interface da web, o Shopify também oferece um aplicativo móvel que permite adicionar produtos à sua loja diretamente do seu smartphone. O aplicativo está disponível para iOS e Android e oferece uma interface amigável que facilita a adição de produtos. Você pode adicionar produtos à sua loja seguindo os mesmos passos da interface da web, mas usando seu telefone.

◆ ◆ ◆

3.   Adicionar produtos em massa

S e você tiver um grande número de produtos para adicionar à sua loja, pode ser mais eficiente adicionar produtos em massa. O Shopify permite a importação em massa de produtos usando um arquivo CSV. Você pode criar um arquivo CSV com todas as informações sobre seus produtos e importá-lo para o Shopify, o que adicionará todos os seus produtos de uma só vez. Isso pode economizar muito tempo se você tiver centenas ou milhares de produtos para adicionar.

◆ ◆ ◆

4.   Gerenciamento de produtos digitais

S e você vender produtos digitais, como ebooks ou cursos online, o processo de adição de produtos é ligeiramente diferente. O Shopify oferece um aplicativo gratuito chamado "Downloads Digitais" que permite adicionar produtos digitais à sua loja. Depois de instalar o aplicativo, você pode adicionar produtos digitais da mesma forma que adiciona produtos físicos, mas também terá a opção de adicionar arquivos digitais que os clientes podem baixar após a compra.

5.   Uso da API do Shopify

Para usuários mais avançados, o Shopify oferece uma API que permite adicionar produtos à sua loja de forma programática. Isso pode ser útil se você tiver muitos produtos para adicionar ou quiser automatizar o processo de adição de produtos. O uso da API do Shopify requer habilidades de programação, portanto, se você não estiver confortável com isso, pode considerar a contratação de um desenvolvedor para ajudar.

6.   Adição de produtos através de plugins de plataformas dedicadas ao dropshipping

a. DSers

DSers é uma ferramenta de gerenciamento de pedidos qualificada e um dos parceiros de dropshipping mais conhecidos e confiáveis da AliExpress. Oferece uma variedade de recursos, incluindo otimização de fornecedores, gerenciamento de pedidos em massa, controle de estoque, gerenciamento de várias lojas, atualização automática do status dos pedidos, preços automáticos, mapeamento de variantes e muito mais.

b. Ferramenta DSM

A Ferramenta DSM é outra plataforma de dropshipping que se integra ao eBay e ao Shopify. Ela automatiza a execução de pedidos em um curto período de tempo, de 7 a 15 dias. Entre seus principais recursos, estão a importação em massa de produtos, a busca de produtos de alta qualidade, a edição avançada de produtos, a otimização de listagens de SEO, o reabastecimento automático e um programa de afiliados.

c. Trendsi

O Trendsi é um aplicativo de dropshipping que permite vender roupas, sapatos e acessórios de moda diretamente da sua loja Shopify. O aplicativo oferece preços de atacado em todos os seus produtos, permitindo margens de lucro mais altas.

d. CJ Dropshipping

Como mencionado anteriormente, o CJ Dropshipping é uma plataforma de dropshipping que se integra ao Shopify. O CJ Dropshipping permite que você encontre produtos de vários fornecedores e os adicione à sua loja Shopify.

c. DropCommerce

O DropCommerce é outro aplicativo de dropshipping para o Shopify que se destaca por oferecer apenas produtos de fornecedores da América do Norte. Isso significa que os prazos de entrega geralmente são mais curtos e a qualidade dos produtos costuma ser mais alta.

f. GlowRoad

O GlowRoad é um aplicativo de dropshipping que permite encontrar e vender produtos de várias categorias. Com o GlowRoad, você pode adicionar produtos à sua loja Shopify com um único clique.

g. Spocket

O Spocket é uma plataforma de dropshipping que permite escolher os melhores produtos para vender de vários fornecedores em todo o mundo. Você pode experimentar o Spocket gratuitamente e, se optar por assinar um plano pago, poderá acessar recursos adicionais.

h. Zendrop

O Zendrop é uma solução de dropshipping automatizada que permite encontrar e adicionar produtos à sua loja Shopify com apenas alguns cliques. O Zendrop também oferece rápida execução de pedidos e atendimento ao cliente de alta qualidade.

i. Importify

O Importify permite que você importe produtos de várias plataformas de comércio eletrônico diretamente para sua loja Shopify. Com o Importify, você também pode automatizar o processo de realização de pedidos.

j. Modalyst

O Modalyst é uma plataforma de dropshipping que se concentra em produtos de marca, produtos de moda, produtos de luxo e produtos exclusivos de nicho. Com o Modalyst, você pode adicionar produtos à sua loja Shopify com um único clique.

k. Inventory Source

O InventorySource é uma plataforma de dropshipping que permite sincronizar automaticamente produtos e estoques de seus fornecedores com sua loja Shopify.

l. Syncee

O Syncee é um aplicativo de dropshipping que permite encontrar e adicionar produtos à sua loja Shopify de fornecedores em todo o mundo. O Syncee também se integra com várias outras plataformas de comércio eletrônico.

m. Oberlo

O Oberlo é um dos aplicativos de dropshipping mais populares para o Shopify. Ele permite importar facilmente produtos de fornecedores diretamente para sua loja Shopify e enviá-los diretamente para seus clientes.

n. Printful

A Printful é um aplicativo de dropshipping que se concentra em produtos impressos sob demanda. Com a Printful, você pode vender camisetas, moletons, pôsteres, canecas, bolsas e muito mais, todos personalizados com seus próprios designs.

o. Aliexpress Dropshipping

O Aliexpress Dropshipping é um aplicativo que permite adicionar produtos do Aliexpress à sua loja Shopify. Ele oferece uma integração completa com o Aliexpress, o que significa que você pode importar produtos, gerenciar pedidos e rastrear remessas diretamente do seu painel do Shopify.

Cada plugin tem suas próprias características e benefícios, por isso é importante escolher o que melhor atende às suas necessidades específicas. Lembre-se de que adicionar produtos à sua loja é um passo importante, mas também é essencial manter um bom relacionamento com seus fornecedores, gerenciar eficazmente seu estoque e fornecer um excelente serviço ao cliente.

7. Conclusão

A adição de produtos à sua loja Shopify é uma tarefa contínua. À medida que você adiciona novos produtos à sua loja, deve continuar a gerenciar e atualizar suas listagens de produtos para garantir que estejam atualizadas e precisas. Seguindo os passos descritos neste guia, você deve ser capaz de adicionar produtos à sua loja de forma eficaz.

CAPÍTULO 7: COMO CONFIGURAR AS CONFIGURAÇÕES DE PAGAMENTO E ENVIO NO SHOPIFY

1. Configurando as configurações de pagamento no Shopify

Configurar as configurações de pagamento no Shopify é um passo crucial para garantir o bom funcionamento da sua loja online. Aqui está um guia detalhado para ajudá-lo a passar por este processo:

a. Acesse suas configurações de pagamento:

Para começar, faça login na sua conta Shopify. Uma vez no seu painel de controle, procure a seção "Configurações" na parte inferior esquerda da tela. Clique nela e selecione "Pagamentos". Você será redirecionado para a página de configurações de pagamento.

b. Escolha seu provedor de pagamento:

O Shopify oferece uma variedade de provedores de pagamento

para atender às necessidades de diferentes comerciantes. Você pode optar por usar o Shopify Payments, que é o provedor de pagamento padrão do Shopify. No entanto, se preferir, também pode escolher entre uma lista de provedores de pagamento de terceiros. Cada provedor tem suas próprias vantagens e desvantagens, então certifique-se de fazer sua pesquisa para encontrar o que melhor se adapta ao seu negócio.

c.   Configure suas configurações de pagamento:

Depois de escolher seu provedor de pagamento, você precisa configurar suas configurações de pagamento. Isso pode incluir adicionar suas informações de conta bancária, configurar suas configurações de cartão de crédito e configurar suas configurações de pagamento alternativas. Reserve um tempo para preencher essas informações com cuidado para evitar problemas de pagamento no futuro.

d.   Salve suas configurações:

Após configurar suas configurações de pagamento, não se esqueça de clicar em "Salvar" para salvar suas alterações. Isso garantirá que todas as suas configurações de pagamento sejam registradas corretamente e prontas para uso.

2.   Configurando as configurações de envio no Shopify

Configurar as configurações de envio no Shopify é tão importante quanto configurar as configurações de pagamento. Aqui está como você pode fazer isso:

a. Acesse suas configurações de envio:

Faça login na sua conta Shopify e acesse a seção "Configurações". Em seguida, clique em "Envio e entrega". Você será redirecionado para a página de configurações de envio.

b. Configure suas zonas de envio:

As zonas de envio são as regiões geográficas para as quais você envia seus produtos. Você pode configurar diferentes zonas de envio conforme necessário. Para cada zona de envio, você pode definir tarifas de envio específicas. Isso permite que você controle os custos de envio para diferentes regiões e ofereça tarifas de envio competitivas aos seus clientes.

c. Configure suas tarifas de envio:

Para cada zona de envio, você pode configurar diferentes tarifas de envio. Você pode definir tarifas de envio fixas, tarifas baseadas no peso ou preço, ou tarifas calculadas com base nas taxas dos seus transportadores. Isso lhe dá grande flexibilidade para determinar como deseja cobrar pelo envio aos seus clientes.

d. Configure suas configurações de entrega:

Além das configurações de envio padrão, o Shopify também permite que você configure opções de entrega local para clientes que estão próximos ao seu local. Isso pode incluir entrega local e retirada na loja. Essas opções podem oferecer conveniência adicional aos seus clientes e ajudar a impulsionar as vendas.

e. Salve suas configurações:

Depois de configurar suas configurações de envio, não se esqueça de clicar em "Salvar" para salvar suas alterações. Isso garantirá que todas as suas configurações de envio sejam registradas corretamente e prontas para uso.

Seguindo essas etapas, você pode configurar eficazmente suas configurações de pagamento e envio no Shopify. No entanto, lembre-se de que essas configurações podem exigir ajustes ao longo do tempo, à medida que as necessidades de negócios e clientes mudam. Portanto, é importante revisá-las regularmente para garantir que estejam sempre otimizadas para a sua loja online.

CAPÍTULO 8: COMO ESCOLHER E PERSONALIZAR UM TEMA PARA A SUA LOJA SHOPIFY

A escolha do tema para a sua loja Shopify é um passo crucial na criação da sua loja online. Envolve muito mais do que escolher cores e designs atraentes. Um bom tema é a base da identidade visual da sua loja e desempenha um papel fundamental na forma como os seus clientes percebem e interagem com a sua marca.

Quando bem escolhido, um tema pode ajudar a atrair e reter clientes, criando uma primeira impressão forte e positiva. Pode realçar os seus produtos, facilitar a navegação e tornar o processo de compra o mais simples e agradável possível. Além disso, um tema bem projetado e estruturado pode contribuir para aumentar as vendas, incentivando os visitantes a explorar a sua loja e descobrir os seus produtos.

Por fim, um bom tema pode melhorar a experiência do utilizador, oferecendo uma interface intuitiva e responsiva. Pode ajudar os seus clientes a encontrar facilmente o que procuram, compreender claramente o que está a oferecer e concluir as suas compras sem problemas. Em resumo, a escolha do tema é uma decisão estratégica que pode ter um impacto significativo no sucesso da sua loja Shopify.

1.   Porque a escolha do tema é crucial para a sua loja Shopify

Um tema bem escolhido é mais do que uma mera aparência para a sua loja Shopify. É o elemento central que pode fazer a diferença entre uma loja que converte e uma que não o faz. Desempenha um papel crucial em vários aspetos da sua loja online.

Em primeiro lugar, o seu tema é muitas vezes a primeira coisa que os seus clientes veem quando visitam a sua loja. Contribui para criar uma primeira impressão positiva e memorável. Um design atrativo, profissional e em conformidade com a sua marca pode imediatamente chamar a atenção dos visitantes e incentivá-los a explorar mais a sua loja.

Em segundo lugar, o seu tema é uma ferramenta poderosa para reforçar a sua marca. Permite-lhe criar uma identidade visual consistente e reconhecível que reflete os valores e a essência da sua marca. As cores, as fontes, as imagens e até a disposição dos elementos podem ser utilizados para contar a história da sua marca e criar uma ligação emocional com os seus clientes.

Por fim, um bom tema facilita a navegação para os seus clientes. Organiza a informação de forma lógica e intuitiva, tornando fácil para os clientes encontrar o que procuram. Um tema bem estruturado pode guiar os visitantes pela sua loja, direcioná-los para os produtos ou informações que procuram e incentivá-los a tomar a ação desejada, seja comprar um produto, subscrever uma newsletter ou entrar em contacto consigo.

Em resumo, a escolha do tema é uma decisão estratégica que tem um impacto direto na experiência dos seus clientes, na imagem da sua marca e, em última análise, no sucesso da sua loja Shopify.

2. Como escolher o tema certo para a sua loja Shopify

a. Compreender o seu público-alvo

O primeiro passo para escolher o tema certo para a sua loja Shopify é entender quem são os seus clientes e o que esperam de uma loja online. É crucial considerar as suas preferências, comportamentos de compra e expectativas em termos de experiência do utilizador. Por exemplo, se vende produtos de luxo, pode querer um tema que reflete essa imagem de alta qualidade, com um design elegante e funcionalidades premium. Se o seu público-alvo é jovem e moderno, um tema moderno, colorido e dinâmico pode ser mais apropriado. Também é importante ter em conta as tendências atuais de design web e comércio eletrónico, pois podem influenciar as expectativas do seu público-alvo.

b. Identificar as suas necessidades em termos de funcionalidades

Cada loja online tem necessidades específicas em termos de funcionalidades, dependendo da sua indústria, dos seus produtos e da sua estratégia de venda. Alguns temas Shopify oferecem funcionalidades específicas, como galerias de produtos, secções de blog ou integrações com redes sociais.

Identifique as funcionalidades de que precisa antes de escolher um tema. Por exemplo, se tiver uma grande variedade de produtos, pode precisar de um tema com muitas opções de filtragem e ordenação. Se planeia publicar regularmente conteúdo, um tema com uma secção de blog robusta pode ser preferível.

c. Considerar o design e a estética

O design da sua loja deve ser atrativo e refletir a sua marca. Leve em consideração as cores, as fontes e o estilo geral do tema. Um tema que corresponde à identidade da sua marca pode ajudar a criar uma experiência consistente para os seus clientes, reforçar o reconhecimento da sua marca e estabelecer uma ligação emocional com eles. Não se esqueça de que o design da sua loja também deve facilitar a navegação e realçar os seus produtos.

d. Levar em consideração a compatibilidade com dispositivos móveis

Com o aumento do comércio móvel, é essencial que a sua loja online esteja otimizada para dispositivos móveis. Certifique-se de que o tema que escolher é responsivo, ou seja, adapta-se automaticamente ao tamanho do ecrã do utilizador, e oferece uma boa experiência em dispositivos móveis. Um tema que não está otimizado para dispositivos móveis pode frustrar os utilizadores e dissuadi-los de efetuar compras.

e. Rever as avaliações e classificações

As avaliações de outros utilizadores podem dar-lhe uma ideia da qualidade do tema e do serviço ao cliente. Procure um tema com boas classificações e avaliações positivas. Não se esqueça de verificar como o desenvolvedor do tema responde aos comentários e preocupações dos utilizadores, pois isso pode dar-lhe uma ideia da qualidade do seu serviço ao cliente.

Além disso, pode ser útil ver como o tema se comporta na prática. Procure exemplos de lojas online que utilizam o tema que lhe interessa. Isso pode dar-lhe uma melhor ideia do que esperar e como pode personalizar o tema para atender às suas próprias necessidades.

Em resumo, a escolha do tema é uma decisão estratégica que tem um impacto direto na experiência dos seus clientes, na imagem da sua marca e, em última análise, no sucesso da sua loja Shopify. Dedique tempo a fazer pesquisas, avaliar as suas opções e escolher um tema que se alinhe com a sua visão e os seus objetivos comerciais.

É importante notar que a escolha do tema não é uma decisão definitiva. A Shopify permite que mude de tema a qualquer momento, para que possa experimentar diferentes temas e ver qual funciona melhor para a sua loja. No entanto, a mudança de tema pode exigir ajustes e personalizações, portanto, é melhor tomar a decisão certa desde o início.

Em última análise, o tema perfeito para a sua loja Shopify é aquele que atende às suas necessidades, agrada ao seu público-alvo e ajuda a crescer o seu negócio.

◆ ◆ ◆

3. Como personalizar o seu tema Shopify

a. Modificar as configurações gerais

A maioria dos temas Shopify permite que modifique as configurações gerais, como cores, fontes e logótipos. Essas alterações podem parecer pequenas, mas podem ter um impacto significativo na aparência e usabilidade da sua loja. Por exemplo, pode escolher cores que correspondam à sua identidade de marca, selecionar fontes legíveis e carregar o seu logótipo para reforçar o reconhecimento da sua marca. Além disso, muitos temas permitem que personalize botões, bordas, fundos e outros elementos de design para criar uma experiência do utilizador consistente.

b. Personalizar as secções da sua loja

Cada tema Shopify possui secções, como cabeçalho, rodapé, página inicial, páginas de produtos, etc. Pode personalizar essas secções de acordo com as suas necessidades. Por exemplo, pode adicionar banners ou slides à sua página inicial para destacar os seus produtos principais ou promoções. Também pode alterar o layout das suas páginas de produtos para realçar as imagens dos produtos e facilitar a compra. Lembre-se de que cada secção da sua loja deve servir a um propósito específico e contribuir para a experiência global dos seus clientes.

c. Adicionar funcionalidades com aplicações

Se precisar de funcionalidades adicionais que não estão incluídas no seu tema, pode adicionar aplicações Shopify. Existem milhares de aplicações disponíveis que podem adicionar funcionalidades à sua loja, como ferramentas de marketing por e-mail, integrações de redes sociais, ferramentas de SEO, opções de envio e muito mais. Ao escolher aplicações, certifique-se de que são compatíveis com o seu tema e podem ajudar a melhorar a experiência dos seus clientes.

d. Testar e otimizar o seu tema

Depois de personalizar o seu tema, é importante testá-lo para garantir que funciona corretamente e oferece uma boa experiência do utilizador. Verifique a sua loja em diferentes dispositivos e navegadores para garantir que seja responsiva e funcione corretamente. Utilize também ferramentas de análise para acompanhar como os seus clientes interagem com a sua loja e identificar áreas que podem ser melhoradas.

A personalização do seu tema Shopify é um processo contínuo. À medida que o seu negócio cresce e as necessidades dos seus clientes evoluem, pode ser necessário fazer alterações e ajustes ao seu tema para garantir que permaneça eficaz e atrativo.

4. Melhores práticas para personalização de temas

A o personalizar o seu tema, é essencial ter em mente a experiência do utilizador. Aqui estão algumas melhores práticas a seguir:

a. Priorizar a facilidade de navegação

Certifique-se de que a sua loja é fácil de navegar. Os clientes devem conseguir encontrar rapidamente o que procuram. Isso significa que deve organizar os seus produtos de forma lógica, usar menus claros e filtros de pesquisa eficazes e fornecer links para informações importantes, como políticas de devolução e informações de contacto. Uma navegação intuitiva pode ajudar a aumentar o tempo gasto no seu site, reduzir a taxa de rejeição e aumentar as conversões.

b. Destacar informações importantes

As informações importantes devem ser fáceis de encontrar. Isso inclui detalhes do produto, preços, opções de entrega e pagamento e avaliações dos clientes. Certifique-se de que essas informações são apresentadas de forma clara e concisa e que são facilmente acessíveis a partir de cada página do produto. Além disso, não se esqueça de incluir chamadas claras para a ação para orientar os clientes para o próximo passo, seja adicionar um produto ao carrinho, continuar a comprar ou passar à finalização da compra.

c. Manter um design consistente

Mantenha o seu design consistente para reforçar a sua marca. Isso significa usar as mesmas cores, fontes e estilos gráficos em todas as suas páginas. A consistência de design pode ajudar a criar uma experiência do utilizador fluida, reforçar o reconhecimento da sua marca e estabelecer uma ligação emocional com os seus clientes. Além disso, um design consistente pode tornar a sua loja mais profissional e confiável.

d. Otimizar para dispositivos móveis

Com o aumento do comércio móvel, é essencial otimizar a sua loja para dispositivos móveis. Certifique-se de que o seu tema é responsivo, ou seja, adapta-se automaticamente ao tamanho do ecrã do utilizador. Além disso, garanta que os elementos interativos, como botões e links, sejam suficientemente grandes e espaçados para serem facilmente utilizados num ecrã tátil.

e. Testar e ajustar regularmente

Por fim, lembre-se de que a personalização do seu tema é um processo contínuo. Teste regularmente a sua loja para garantir que funcione corretamente e ofereça uma boa experiência do utilizador. Utilize ferramentas de análise para acompanhar os comportamentos dos utilizadores, identificar problemas e oportunidades e fazer ajustes conforme necessário.

5.   Conclusão

Escolher e personalizar um tema é um passo importante, mas empolgante, na criação da sua loja Shopify. Com o tema certo, pode criar uma loja atrativa que reflita a sua marca, atenda às necessidades dos seus clientes e ajude a aumentar as suas vendas. É uma oportunidade única para dar vida à sua visão e criar uma experiência de compras online que seja não apenas funcional, mas também memorável e envolvente.

Um tema bem escolhido e personalizado pode fazer a diferença entre uma loja que converte e umaque não o faz. Pode ajudar a criar uma primeira impressão positiva, reforçar a sua marca e facilitar a navegação dos seus clientes. Além disso, pode melhorar a experiência do utilizador tornando a sua loja fácil de navegar e destacando os seus produtos de forma atraente.

No entanto, a escolha e personalização de um tema não devem ser tarefas negligentes. Exigem reflexão estratégica, uma compreensão clara do seu público-alvo e dos seus objetivos comerciais, bem como a vontade de experimentar e otimizar com base no feedback dos seus clientes e no desempenho da sua loja.

Em última análise, o tema perfeito para a sua loja Shopify é aquele que o ajuda a contar a história da sua marca, a envolver os seus clientes e a incentivá-los a regressar vezes sem conta. Portanto, reserve tempo para escolher com sabedoria, personalizar cuidadosamente e testar regularmente. A sua loja

Shopify é o reflexo do seu negócio online, e um tema bem escolhido e personalizado pode ajudá-lo a brilhar.

CAPÍTULO 9: COMO OTIMIZAR SUA LOJA SHOPIFY PARA SEO

1. Introdução à otimização de SEO para Shopify

A otimização para mecanismos de busca, mais comumente conhecida como SEO (Search Engine Optimization), é um componente essencial para qualquer loja online, incluindo aquelas hospedadas na Shopify. O SEO é uma série de técnicas e estratégias usadas para melhorar a visibilidade de um site nos resultados dos mecanismos de busca, como Google, Bing ou Yahoo. O objetivo é atrair um tráfego de qualidade, ou seja, visitantes ativamente interessados nos produtos ou serviços que você oferece.

Em um ambiente digital cada vez mais competitivo, uma estratégia de SEO eficaz pode fazer a diferença entre uma loja online próspera e outra que luta para atrair e reter clientes. Uma loja bem otimizada para SEO pode levar a um aumento significativo no tráfego orgânico, ou seja, visitantes que chegam ao seu site após realizar uma pesquisa em um mecanismo de busca, e potencialmente a um aumento nas vendas.

A Shopify, como uma plataforma líder de comércio eletrônico, compreende a importância do SEO para o sucesso de seus usuários. É por isso que a plataforma oferece uma variedade de ferramentas e funcionalidades integradas para ajudá-lo a otimizar sua loja para SEO. Essas ferramentas incluem a edição de tags de título e descrição, personalização de URLs e até mesmo a geração automática de arquivos sitemap. Além disso, a Shopify também oferece uma gama de aplicativos de terceiros que podem ajudar a aprofundar ainda mais sua otimização de SEO.

É importante observar que o SEO não é um processo pontual, mas sim uma estratégia de longo prazo que requer monitoramento e ajustes regulares. Os algoritmos dos mecanismos de busca estão em constante evolução, e, portanto, é crucial manter-se atualizado com as melhores práticas de SEO para garantir uma visibilidade contínua para sua loja online.

2.   Importância do SEO para sua loja Shopify

O SEO é de extrema importância para sua loja Shopify, e isso por várias razões. Em primeiro lugar, uma estratégia de SEO eficaz pode aumentar significativamente a quantidade de tráfego que você recebe dos mecanismos de busca. Quanto mais alto você aparece nos resultados de pesquisa, mais provável é atrair visitantes para sua loja. Isso pode levar a um aumento significativo no número de potenciais clientes que descobrem seus produtos.

Mas o SEO não se limita a aumentar a quantidade de tráfego - ele também melhora a qualidade desse tráfego. Os usuários que encontram sua loja por meio de uma pesquisa orgânica costumam estar mais engajados e mais propensos a fazer uma compra, pois estavam ativamente procurando um produto que você vende. Em outras palavras, o SEO ajuda a atrair visitantes que já estão interessados no que você tem a oferecer, aumentando suas chances de conversão.

Além disso, o SEO é uma estratégia de longo prazo que pode trazer benefícios duradouros para sua loja. Ao contrário da publicidade paga, que gera tráfego apenas enquanto você continua a pagar, os esforços que você dedica ao SEO podem continuar a render frutos por meses, ou até anos. Uma vez que você tenha conquistado uma boa classificação nos resultados de pesquisa, pode continuar a atrair tráfego orgânico sem a necessidade de gastar dinheiro adicional.

Por fim, é importante observar que o SEO também pode contribuir para a credibilidade e confiança de sua marca. Os usuários tendem a confiar em sites que aparecem no topo dos resultados de pesquisa, e ter uma boa classificação para palavras-chave relevantes pode ajudar a fortalecer a reputação de sua loja.

Em resumo, o SEO é um elemento fundamental de qualquer estratégia de comércio eletrônico bem-sucedida. Ele pode ajudá-lo a atrair mais visitantes, melhorar a qualidade de seu tráfego, reforçar a confiança em sua marca e garantir o crescimento de longo prazo de sua loja Shopify.

◆ ◆ ◆

3   Como adicionar palavras-chave para SEO na Shopify

A inclusão de palavras-chave é uma etapa fundamental na otimização de SEO. As palavras-chave são os termos que os usuários digitam nos mecanismos de busca quando procuram por um produto ou serviço. Elas são essenciais para ajudar os mecanismos de busca a entender o conteúdo de seu site e determinar quando ele deve aparecer nos resultados de pesquisa.

Para adicionar palavras-chave à sua loja Shopify, você deve integrá-las em vários elementos de seu site. Aqui está como fazer isso:

a. Títulos de produtos

Os títulos de seus produtos são um dos primeiros lugares onde você deve incluir suas palavras-chave. Eles têm um peso significativo para os mecanismos de busca e geralmente são o que os usuários veem primeiro nos resultados de pesquisa.

b. Descrições de produtos

As descrições de seus produtos são outra oportunidade importante para incluir suas palavras-chave. Tente integrar suas palavras-chave de forma natural em descrições detalhadas e informativas que ofereçam valor real aos usuários.

c. Tags meta

As tags meta, que incluem as tags de título e descrição, são outro elemento chave para a otimização de palavras-chave. Elas aparecem no código de seu site e nos resultados de pesquisa, e podem ajudar a melhorar sua visibilidade.

d. URL

As URLs de suas páginas de produtos também podem ser otimizadas com palavras-chave. Uma URL descritiva e rica em palavras-chave pode ajudar os mecanismos de busca e os usuários a entender do que se trata a página.

e. Textos alternativos de imagens

Os mecanismos de busca não podem "ver" as imagens, então eles dependem dos textos alternativos para entender o que elas representam. Certifique-se de incluir textos alternativos relevantes com suas palavras-chave para ajudar os mecanismos de busca a compreender o conteúdo das imagens.

Ao escolher e usar palavras-chave, certifique-se de que elas sejam relevantes para os produtos que você vende. Use ferramentas de pesquisa de palavras-chave para encontrar termos com alto volume de pesquisa, mas baixa a moderada concorrência. Além disso , tente usar palavras-chave de cauda longa frases com três palavras ou mais que sejam muito específicas para o que você vende. Esses tipos de palavras-chave geralmente são menos competitivos e podem ajudar você a direcionar nichos específicos.

Em resumo, a adição de palavras-chave é uma etapa essencial na otimização de SEO na Shopify. Integrando estrategicamente palavras-chave relevantes em sua loja, você pode melhorar sua visibilidade nos mecanismos de busca e atrair mais clientes em potencial.

◆ ◆ ◆

4.   Otimização do site para SEO

A otimização de seu site para SEO é um processo multifacetado que vai além da adição de palavras-chave. Envolve a criação de um site que seja não apenas amigável aos mecanismos de busca, mas também útil e atraente para os visitantes reais de seu site. Aqui estão alguns aspectos-chave da otimização do site para SEO:

a.   Navegação fácil

Um site bem estruturado e de fácil navegação é essencial para uma boa experiência do usuário, o que pode ter um impacto positivo em sua classificação de SEO. Isso significa ter uma hierarquia de site clara, menus intuitivos e links internos que ajudem os usuários a encontrar o que estão procurando. Além disso, uma boa navegação ajuda os mecanismos de busca a entender e indexar seu site de maneira mais eficaz.

b.   Velocidade do site

A velocidade de carregamento de seu site é um fator importante de classificação para o Google. Sites que carregam rapidamente oferecem uma melhor experiência do usuário e, portanto, são favorecidos pelos mecanismos de busca. Você pode otimizar a velocidade de seu site reduzindo o tamanho das imagens, minimizando o código CSS e JavaScript e usando um tema Shopify rápido e bem codificado.

c.   Compatibilidade com dispositivos móveis

Com o aumento do uso de smartphones, grande parte das pesquisas online é feita em dispositivos móveis. O Google adotou uma indexação "mobile-first", o que significa que considera a versão móvel de seu site para a classificação. Portanto, certifique-se de que seu site seja responsivo, ou seja, se adapte bem a todos os tipos de telas, e ofereça uma experiência de usuário de qualidade em dispositivos móveis.

d. Otimização de imagens

As imagens podem desempenhar um papel importante no SEO. Certifique-se de que elas sejam de alta qualidade, mas também otimizadas para a web (tamanho de arquivo reduzido, formato apropriado). Não se esqueça de adicionar descrições alt descritivas contendo suas palavras-chave para ajudar os mecanismos de busca a entender o que as imagens representam.

e. Conteúdo de qualidade

O conteúdo de seu site deve ser de alta qualidade, relevante e útil para seus visitantes. Isso inclui descrições de produtos, postagens de blog, guias, etc. Um bom conteúdo pode ajudá-lo a se posicionar como uma autoridade em seu setor, atrair e reter visitantes e melhorar seu ranking de SEO.

Em resumo, a otimização do site para SEO é um processo complexo que requer atenção a muitos detalhes. No entanto, ao dedicar tempo para fazer as coisas da maneira certa, você pode melhorar a visibilidade de sua loja Shopify, oferecer uma melhor experiência aos seus usuários e, finalmente, aumentar suas vendas.

◆ ◆ ◆

5.   Checklist de SEO para lojas online na Shopify

Otimizar sua loja Shopify para SEO pode parecer uma tarefa difícil, mas ao dividir o processo em etapas gerenciáveis, você pode tornar seu site mais visível para os mecanismos de busca. Aqui está uma checklist detalhada para ajudá-lo a começar:

a. Use palavras-chave relevantes

Inclua palavras-chave relevantes nos títulos de seus produtos, descrições, URLs e textos alternativos de imagens. Essas palavras-chave devem refletir o que seus potenciais clientes podem usar para pesquisar os produtos que você vende.

b. Certifique-se de que seu site seja facilmente navegável

Uma estrutura de site clara e uma navegação intuitiva são essenciais para ajudar os usuários e os mecanismos de busca a encontrar o que estão procurando. Isso inclui o uso de menus claros, links internos e uma hierarquia de site lógica.

c. Otimize a velocidade de seu site

Os mecanismos de busca favorecem os sites que carregam rapidamente. Você pode otimizar a velocidade de seu site comprimindo imagens, minimizando o código CSS e JavaScript e escolhendo um tema Shopify projetado para a velocidade.

d. Torne seu site compatível com dispositivos móveis

Cada vez mais pessoas fazem compras em dispositivos móveis. Certifique-se de que seu site seja responsivo e ofereça uma experiência de usuário de qualidade em todos os tipos de telas.

e. Use tags meta exclusivas para cada página

As tags meta, incluindo títulos e descrições, são exibidas nos resultados de pesquisa e podem influenciar a taxa de cliques. Cada página de seu site deve ter tags meta exclusivas que descrevam precisamente o conteúdo da página.

f. Adicione um sitemap à sua loja Shopify

Um sitemap ajuda o Google a entender a estrutura de seu site e a indexar corretamente suas páginas. A Shopify gera automaticamente um sitemap para sua loja, mas você deve enviá-lo para o Google Search Console para que seja considerado.

g. Use o Google Analytics para rastrear seu desempenho de SEO

O Google Analytics é uma ferramenta poderosa que pode ajudar você a entender como os usuários interagem com seu site e onde existem oportunidades de melhoria. Use-o para acompanhar suas classificações de palavras-chave, o tráfego de pesquisa orgânica, o comportamento dos usuários e muito mais.

Ao seguir esta checklist, você pode garantir que está cobrindo as bases da otimização de SEO para sua loja Shopify. Lembre-se de que o SEO é um processo contínuo - é importante monitorar regularmente seu desempenho e fazer ajustes conforme necessário.

6. Conclusão

A otimização para mecanismos de busca, ou SEO, não é uma tarefa que você pode simplesmente marcar como concluída em sua lista depois de terminá-la. É um processo contínuo que requer atenção constante, acompanhamento e ajustes regulares para permanecer eficaz. Os algoritmos dos mecanismos de busca estão em constante evolução, e os comportamentos de pesquisa dos usuários também mudam ao longo do tempo. Isso significa que você deve permanecer vigilante e pronto para adaptar sua estratégia de SEO de acordo.

No entanto, apesar do trabalho e do comprometimento que isso exige, a otimização de SEO é um investimento que vale a pena. Ao dedicar tempo para otimizar sua loja Shopify para SEO, você pode melhorar sua visibilidade nos mecanismos de busca, o que pode resultar em um aumento significativo no tráfego para seu site. E não é qualquer tráfego - é tráfego qualificado, composto por pessoas que estão ativamente interessadas no que você tem a oferecer.

Mais visibilidade e tráfego qualificado podem se traduzir em um aumento nas vendas e receitas para sua loja Shopify. Além disso, uma boa estratégia de SEO também pode ajudar a fortalecer a credibilidade e a confiança em sua marca, melhorar a experiência do usuário em seu site e posicionar você como uma autoridade em seu setor.

Em última análise, a otimização de SEO é um componente

essencial de qualquer estratégia de comércio eletrônico bem-sucedida. Ao investir em SEO, você está investindo na visibilidade a longo prazo e no sucesso de sua loja Shopify.

CAPÍTULO 10: COMO CONFIGURAR O GOOGLE ANALYTICS E O FACEBOOK PIXEL PARA A SUA LOJA SHOPIFY

No mundo do comércio eletrônico, o conhecimento é poder. Para ter sucesso, é essencial entender quem são seus clientes, como eles interagem com sua loja online e quais fatores influenciam suas decisões de compra. É aqui que entram o Google Analytics e o Facebook Pixel (agora chamado Meta Pixel).

Configurar o Google Analytics e o Meta Pixel é uma etapa crucial para otimizar sua loja Shopify. Essas ferramentas poderosas permitem rastrear e analisar o comportamento dos visitantes em seu site. Elas coletam dados valiosos que fornecem insights sobre quem são seus clientes, como eles navegam em seu site, quais produtos eles visualizam e, mais importante, o que os motiva a fazer uma compra.

Essas informações são essenciais para aprimorar sua loja e aumentar suas vendas. Por exemplo, ao entender quais produtos são mais populares, você pode destacar esses itens em sua página inicial para atrair mais clientes. Da mesma forma, ao analisar o percurso de navegação de seus clientes, você pode identificar possíveis obstáculos à conversão e trabalhar para removê-los, facilitando o processo de compra.

Mas não é só isso. O Google Analytics e o Meta Pixel também oferecem recursos avançados, como rastreamento de conversões e retargeting, que podem ajudá-lo a refinar sua estratégia de marketing e alcançar seus clientes de maneira mais eficaz.

Neste capítulo, vamos orientá-lo pelas etapas de configuração do Google Analytics e do Meta Pixel para sua loja Shopify. Vamos cobrir tudo, desde a criação de sua conta até a configuração de eventos de rastreamento. Portanto, prepare-se para mergulhar no fascinante mundo da análise de dados e descobrir como essas ferramentas podem impulsionar sua loja Shopify para novos patamares.

1.   Configurando o Google Analytics

a.   Criando uma conta no Google Analytics

Antes de poder mergulhar no mundo rico e detalhado dos dados do seu site, o primeiro passo é criar uma conta no Google Analytics, se você ainda não tiver uma. O Google Analytics é um serviço gratuito que permite rastrear o tráfego do seu site e analisar o comportamento dos visitantes.

Para criar uma conta, acesse o site do Google Analytics. Você será recebido por uma interface amigável que o guiará pelo processo de criação da conta. Você precisará fornecer algumas informações básicas, como seu endereço de e-mail e o nome da sua empresa. Você também precisará aceitar os termos de uso do Google Analytics.

Depois de criar sua conta, o Google fornecerá um ID de

rastreamento exclusivo. Esse ID é essencial, pois ele conecta seu site à sua conta do Google Analytics e permite o rastreamento de dados. Você precisará copiar esse ID de rastreamento e colá-lo nas configurações da sua loja Shopify, mas abordaremos esse passo com mais detalhes posteriormente.

A criação de uma conta no Google Analytics é um passo simples, mas crucial, para entender e otimizar o comportamento dos visitantes em sua loja Shopify. Com sua conta em funcionamento, você estará pronto para começar a coletar dados e usar essas informações para melhorar sua loja e aumentar suas vendas.

b. Adicionando sua loja Shopify ao Google Analytics

Depois de criar sua conta no Google Analytics, o próximo passo é adicionar sua loja Shopify ao Google Analytics. Esta etapa é essencial, pois permite que o Google Analytics comece a coletar dados sobre o comportamento dos visitantes de sua loja.

Para adicionar sua loja Shopify ao Google Analytics, você precisará copiar o ID de rastreamento do Google Analytics. Este ID de rastreamento é um código exclusivo que identifica sua conta no Google Analytics. Você pode encontrá-lo nas configurações da sua conta do Google Analytics, na seção "Informações de rastreamento".

Depois de copiar seu ID de rastreamento, você precisará colá-lo nas configurações da sua loja Shopify. Para fazer isso, faça login em sua conta Shopify e vá para a seção "Preferências online" nas configurações da sua loja. Aqui, você verá um campo chamado "Google Analytics". Cole seu ID de rastreamento neste campo e clique em "Salvar".

Ao adicionar sua loja Shopify ao Google Analytics, você permite que o Google comece a coletar dados sobre o comportamento dos visitantes de sua loja. Esses dados podem fornecer informações valiosas sobre quem são seus clientes, como eles navegam em seu site, quais produtos eles visualizam e, mais importante, o que os motiva a fazer uma compra. Essas informações podem ajudá-lo a melhorar sua loja, otimizar sua estratégia de marketing e, em última análise, aumentar suas vendas.

c. Ativando o rastreamento de comércio eletrônico

O rastreamento de comércio eletrônico é uma funcionalidade poderosa do Google Analytics que permite rastrear e analisar vendas e transações em sua loja Shopify. Ao ativar essa funcionalidade, você pode obter informações detalhadas sobre os produtos que seus clientes estão comprando, o número de transações realizadas, a receita gerada por essas transações e muito mais.

Para ativar o rastreamento de comércio eletrônico, acesse as configurações da sua conta do Google Analytics. Uma vez dentro de suas configurações, procure a seção "Informações de rastreamento". Nesta seção, você encontrará uma opção chamada "Rastreamento de comércio eletrônico". Clique nesta opção para ativá-la.

Após ativar o rastreamento de comércio eletrônico, o Google Analytics começará a coletar dados sobre vendas e transações em sua loja Shopify. Esses dados podem fornecer informações valiosas que podem ajudá-lo a entender quais produtos são mais populares, quais são os comportamentos de compra de seus clientes e como você pode otimizar sua loja para aumentar as vendas e a receita.

É importante observar que o rastreamento de comércio eletrônico não começa imediatamente após a ativação. Pode levar algum tempo para que o Google Analytics comece a coletar dados. No entanto, assim que os dados começarem a fluir, você terá acesso a uma min e de informações que podem ajudar a melhorar sua loja e aumentar suas vendas.

d. Configurando metas

Metas no Google Analytics são ações específicas que você deseja que os visitantes do seu site realizem. Essas ações podem ser tão simples quanto visitar uma página específica ou tão complexas quanto comprar um produto. Ao configurar metas, você pode rastrear essas ações e obter informações valiosas sobre o comportamento dos usuários em seu site.

Para configurar metas, você precisa acessar as configurações da sua conta no Google Analytics. Uma vez nas configurações, procure a seção "Metas". Aqui, você pode criar novas metas clicando no botão "+ Nova meta".

Ao criar uma meta, você precisará fornecer algumas informações. Primeiro, você deve dar um nome à sua meta. Escolha um nome que descreva claramente a ação que você deseja rastrear. Em seguida, você deve escolher o tipo de meta. O Google Analytics oferece vários tipos de metas, incluindo destinos (por exemplo, um visitante atinge uma determinada página), duração (por exemplo, um visitante passa um determinado tempo em seu site), páginas/telas por sessão (por exemplo, um visitante visualiza um certo número de páginas) e evento (por exemplo, um visitante realiza uma ação específica, como comprar um produto).

Depois de escolher o tipo de meta, você precisará configurar os detalhes da meta. Por exemplo, se você escolher uma meta de destino, deverá fornecer a URL da página que deseja que os visitantes alcancem. Se escolher uma meta de evento, deverá fornecer os detalhes do evento que deseja rastrear.

A configuração de metas no Google Analytics pode parecer complexa, mas é essencial para entender o comportamento dos usuários em seu site. Ao rastrear ações específicas que você deseja que os visitantes realizem, você pode obter informações valiosas que podem ajudar a otimizar sua loja, aperfeiçoar suas campanhas de marketing e, em última análise, aumentar suas vendas.

2.   Configurando o Facebook Pixel

a. Criando um Pixel Meta

O Pixel Meta, anteriormente conhecido como Facebook Pixel, é uma ferramenta de rastreamento que permite medir a eficácia de seus anúncios, entender as ações que as pessoas realizam em seu site e direcionar seus anúncios com mais precisão. O primeiro passo para usar o Pixel Meta é criá-lo no Gerenciador de Eventos de sua conta no Facebook Ads Manager.

Para criar um Pixel Meta, faça login em sua conta no Facebook Ads Manager. Uma vez conectado, procure o menu "Medir e Relatar" e selecione "Gerenciador de Eventos". No Gerenciador de Eventos, você verá uma opção para "Conectar Fontes de Dados". Clique nesta opção e escolha "Web". Você será solicitado a escolher entre várias opções de fontes de dados, incluindo o Pixel Meta.

Depois de selecionar o Pixel Meta, você será guiado pelo processo de criação do Pixel. Você precisará dar um nome ao seu Pixel, o que pode ser útil se você gerenciar vários Pixels. Tente escolher um nome que reflita o uso que você planeja para este Pixel, por exemplo, "Pixel da loja Shopify".

Em seguida, você deve inserir a URL do seu site. Isso permite que o Facebook verifique se o Pixel pode ser instalado corretamente em seu site. Depois de fornecer essas informações, você pode clicar em "Continuar" para criar seu Pixel.

A criação de um Pixel Meta é uma etapa essencial para aproveitar ao máximo seus esforços de marketing no Facebook. Com um Pixel Meta em funcionamento, você pode rastrear as ações que as pessoas realizam em seu site após verem seus anúncios no Facebook. Você pode usar essas informações para aprimorar seus anúncios e direcionar seu público com mais precisão.

b. Adicionando seu Pixel Meta à sua loja Shopify

Depois de criar seu Pixel Meta, o próximo passo é integrá-lo à sua loja Shopify. Esta etapa é crucial para que o Meta comece a coletar dados sobre as interações dos usuários com sua loja. Essas informações podem ser usadas para otimizar suas campanhas publicitárias, aprimorar o direcionamento de seus anúncios e aumentar a eficácia de seus esforços de marketing.

Para adicionar seu Pixel Meta à sua loja Shopify, você deve primeiro copiar o ID do seu Pixel. Você pode encontrar este ID no Gerenciador de Eventos de sua conta no Facebook Ads Manager. É um código numérico único que identifica seu Pixel Meta.

Após copiar o ID do seu Pixel, faça login em sua conta Shopify. No painel de controle da Shopify, vá para a seção "Preferências" nas configurações da sua loja. Aqui, você encontrará uma seção chamada "Pixel do Facebook". Cole o ID do seu Pixel no campo correspondente e clique em "Salvar".

Ao adicionar seu Pixel Meta à sua loja Shopify, você permite que o Meta comece a coletar dados sobre o comportamento dos usuários em sua loja. Esses dados podem fornecer informações valiosas sobre as ações que os usuários realizam após verem seus anúncios, os produtos que visualizam e as transações que realizam. Essas informações podem ser usadas para aprimorar suas campanhas publicitárias, aperfeiçoar o direcionamento de seus anúncios e, em última análise, aumentar o retorno sobre o investimento de seus esforços de marketing.

c. Configurando eventos

Eventos, no contexto do Pixel Meta, são ações específicas que os visitantes realizam em seu site. Essas ações podem ser tão simples quanto visitar uma página específica ou tão complexas quanto adicionar um produto ao carrinho ou fazer uma compra. Ao configurar eventos, você pode rastrear essas ações e obter informações valiosas sobre o comportamento dos usuários em seu site.

Para configurar eventos, você deve acessar o Gerenciador de Eventos de sua conta no Facebook Ads Manager. No Gerenciador de Event os, você encontrará uma seção chamada "Fontes de Dados". É aqui que você pode ver todos os seus Pixels Meta e configurar eventos para cada um deles.

Ao configurar um evento, você primeiro escolherá o tipo de evento que deseja rastrear. O Meta oferece uma variedade de eventos predefinidos que você pode escolher, como "Visualizar conteúdo", "Adicionar ao carrinho", "Comprar" e muitos outros. Cada evento corresponde a uma ação específica que os usuários podem realizar em seu site.

Depois de escolher o tipo de evento, você precisará configurar os detalhes do evento. Por exemplo, se você escolher o evento "Visualizar conteúdo", poderá especificar qual conteúdo deseja rastrear, como uma página de produto específica ou uma categoria de produtos.

A configuração de eventos no Pixel Meta pode parecer complexa, mas é fundamental para entender o comportamento dos usuários em seu site. Ao rastrear ações específicas que você deseja que os visitantes realizem, você pode obter informações valiosas que podem ajudar a otimizar sua loja, aperfeiçoar suas campanhas publicitárias e, em última análise, aumentar suas vendas.

d. Usando o Pixel para retargeting

O retargeting é uma estratégia de marketing poderosa que permite exibir anúncios para pessoas que já visitaram seu site ou interagiram com seus produtos. É uma maneira eficaz de lembrar aos visitantes os produtos que viram ou adicionaram ao carrinho e incentivá-los a retornar ao seu site para fazer uma compra. O Pixel Meta desempenha um papel fundamental no retargeting, permitindo rastrear os visitantes do seu site e direcionar anúncios com base em seu comportamento.

Para usar o Pixel Meta para retargeting, você deve primeiro configurar eventos de retargeting no Gerenciador de Eventos de sua conta no Facebook Ads Manager. Esses eventos podem incluir ações como visualizar uma página de produto, adicionar um produto ao carrinho ou se inscrever em uma newsletter.

Depois de configurar seus eventos de retargeting, você pode criar públicos personalizados com base nesses eventos. Por exemplo, você pode criar um público de pessoas que adicionaram um produto ao carrinho, mas não concluíram a compra. Em seguida, você pode direcionar seus anúncios para esse público para incentivá-los a retornar ao seu site e concluir a compra.

Além de criar públicos com base em eventos específicos, você também pode usar o Pixel Meta para criar públicos semelhantes. Esses públicos são compostos por pessoas que compartilham características semelhantes com seu público existente, o que permite expandir seu alcance e atrair novos clientes em potencial.

O uso do Pixel Meta para retargeting pode melhorar significativamente a eficácia de suas campanhas publicitárias. Ao direcionar seus anúncios para pessoas que já demonstraram interesse em seus produtos, você pode aumentar suas chances de conversão e maximizar o retorno sobre o investimento de seus esforços de marketing.

◆ ◆ ◆

3.   Conclusão

A configuração do Google Analytics e do Pixel Meta é muito mais do que apenas uma etapa técnica na criação da sua loja Shopify. É uma abordagem estratégica que abre as portas para uma compreensão profunda de seus clientes e de seus comportamentos. Essas ferramentas fornecem dados valiosos que podem transformar a maneira como você administra sua loja e interage com seus clientes.

Ao analisar o comportamento dos visitantes do seu site, você pode descobrir tendências, identificar oportunidades e detectar possíveis problemas. Essas informações podem ajudar a melhorar a experiência do usuário em sua loja, otimizar seus produtos e páginas e aumentar suas vendas.

Além disso, o Google Analytics e o Pixel Meta oferecem a oportunidade de rastrear a eficácia de seus esforços de marketing. Seja lançando uma nova campanha publicitária ou testando diferentes estratégias de SEO, essas ferramentas podem fornecer informações valiosas que podem ajudar a refinar seus esforços e maximizar seu retorno sobre o investimento.

Seguindo as etapas descritas neste capítulo, você pode configurar o Google Analytics e o Pixel Meta para sua loja Shopify. No entanto, a configuração dessas ferramentas é apenas o começo. Para aproveitar ao máximo seus benefícios, você deve regularmente analisar os dados que elas fornecem, testar diferentes estratégias e ajustar seus esforços com base nos resultados.

Em última análise, o Google Analytics e o Pixel Meta são ferramentas poderosas que podem ajudar a entender seus clientes, melhorar sua loja e aumentar suas vendas. Usando-os estrategicamente, você pode transformar sua loja Shopify em um negócio de comércio eletrônico próspero e lucrativo.

CAPÍTULO 11: COMO CRIAR UMA ESTRATÉGIA DE MARKETING PARA A SUA LOJA SHOPIFY

1. Etapa 1: Análise da situação

A ntes de poder desenvolver uma estratégia de marketing eficaz, é necessário compreender a sua situação atual. Esta etapa, muitas vezes chamada de análise SWOT (Strengths, Weaknesses, Opportunities, Threats - Forças, Fraquezas, Oportunidades, Ameaças), permite avaliar as suas forças, fraquezas, oportunidades disponíveis e ameaças potenciais.

a. Análise do mercado-alvo

É crucial compreender quem são os seus potenciais clientes. Quais as suas idades, interesses e comportamentos de compra? Que tipos de produtos procuram? Quais são as suas necessidades e desejos? Esta compreensão ajudará a direcionar os seus esforços de marketing de forma mais eficaz.

b. Análise da concorrência

No mundo do dropshipping, a concorrência pode ser feroz. Quem são os seus principais concorrentes? Que produtos oferecem? Como estão a promover os seus produtos? Quais são os seus pontos fortes e fracos? Uma análise aprofundada da concorrência pode ajudá-lo a identificar oportunidades para se destacar.

c.   Avaliação das suas próprias forças e fraquezas

Como loja Shopify, quais são os seus pontos fortes? Talvez tenha uma excelente seleção de produtos, um serviço ao cliente excepcional ou experiência na sua área. Por outro lado, quais são as suas fraquezas? Talvez tenha dificuldades em gerar tráfego para a sua loja ou talvez a sua taxa de conversão possa ser melhorada. Uma avaliação honesta das suas forças e fraquezas pode ajudar a determinar onde concentrar os seus esforços de marketing.

d.   Exame de fatores externos

Finalmente, é importante considerar quaisquer fatores externos que possam afetar o seu negócio. Isso pode incluir tendências de mercado, mudanças regulatórias, avanços tecnológicos ou até mesmo eventos globais. Por exemplo, a pandemia de COVID-19 teve um impacto significativo no comércio eletrônico, com um aumento nas compras online e mudanças nos comportamentos de compra dos consumidores.

Em resumo, a análise da situação é uma etapa crucial na elaboração da sua estratégia de marketing. Ela oferece uma visão geral da sua posição atual e ajuda a identificar as oportunidades e desafios que pode enfrentar.

2.   Etapa 2: Definir o seu público-alvo

A definição do seu público-alvo é uma etapa crucial na elaboração da sua estratégia de marketing. No contexto do dropshipping, isso significa compreender quem são os seus clientes ideais, que produtos procuram, como gostam de fazer compras online e como pode alcançá-los eficazmente.

a. Identificação de clientes ideais

Os seus clientes ideais são aqueles mais propensos a estar interessados nos produtos que oferece. Podem ser definidos com base em vários critérios, como idade, género, localização geográfica, interesses, comportamento de compra, entre outros. Por exemplo, se vender roupas desportivas, o seu público-alvo poderá ser pessoas interessadas em fitness e bem-estar.

b. Compreensão das necessidades e desejos dos clientes

Que tipos de produtos os seus clientes procuram? Quais são as suas necessidades e desejos? Compreender isso pode ajudá-lo a selecionar os produtos certos para vender, a definir as suas mensagens de marketing e a criar uma experiência de compra que satisfaça as expectativas dos clientes.

c. Compreensão dos hábitos de compra online

Como o seu público-alvo gosta de fazer compras online?

Preferem comprar em plataformas de comércio eletrônico como a Amazon ou preferem comprar diretamente nos sites das marcas? Que métodos de pagamento preferem usar? Quais fatores influenciam as suas decisões de compra (por exemplo, avaliações de clientes, entrega gratuita, promoções)? Compreender esses hábitos pode ajudá-lo a otimizar a sua loja Shopify para atender às preferências dos clientes.

d. Alcance do seu público-alvo

Finalmente, como pode alcançar eficazmente o seu público-alvo? Que canais de marketing são mais propensos a usar? Que tipos de mensagens são mais propensos a responder? Por exemplo, se o seu público-alvo for jovem e tecnológico, poderá descobrir que as redes sociais são um canal de marketing eficaz.

Em resumo, definir o seu público-alvo permite compreender quem são os seus clientes, o que desejam e como pode alcançá-los. Isso permite concentrar os seus esforços de marketing nas pessoas mais propensas a estar interessadas nos seus produtos, o que pode aumentar a eficácia do seu marketing e melhorar o retorno do investimento.

3. Etapa 3: Estabelecer os seus objetivos de marketing

Cada iniciativa de marketing que empreender deve ser orientada por um objetivo específico e mensurável. Isso pode ser a curto ou a longo prazo e pode visar atrair novos clientes, reter clientes existentes ou aumentar as vendas de um determinado produto na sua loja Shopify.

a. Objetivos a curto prazo

Os objetivos a curto prazo geralmente estão focados no aumento imediato das vendas e podem incluir objetivos como aumentar o tráfego no seu site, aumentar a taxa de conversão ou aumentar as vendas de um produto específico. Esses objetivos geralmente são medidos ao longo de semanas a meses.

b. Objetivos a longo prazo

Os objetivos a longo prazo geralmente estão focados no crescimento e na sustentabilidade do seu negócio. Podem incluir objetivos como expandir a sua gama de produtos, entrar em novos mercados ou aumentar o valor vitalício dos seus clientes. Esses objetivos geralmente são medidos ao longo de vários meses a anos.

c. Atrair novos clientes

Um dos objetivos mais comuns para empresas de dropshipping é atrair novos clientes. Isso pode envolver estratégias como SEO, publicidade paga, marketing nas redes sociais e muito mais.

d. Fidelizar clientes existentes

Frequentemente, é mais rentável fidelizar clientes existentes do que atrair novos. Pode procurar aumentar a frequência de compra, o valor médio dos pedidos ou a taxa de retenção de clientes.

e. Aumentar as vendas de um produto específico

Se tiver um produto que está a vender particularmente bem, ou um produto que deseja promover, pode estabelecer um objetivo de marketing específico para aumentar as vendas desse produto.

Em resumo, o estabelecimento de objetivos de marketing claros e mensuráveis é uma etapa essencial na elaboração da sua estratégia de marketing. Esses objetivos fornecem uma direção clara e permitem medir a eficácia dos seus esforços de marketing.

4. Etapa 4: Escolher os seus canais de marketing

Existem muitos canais de marketing que pode utilizar para promover a sua loja Shopify de dropshipping. A escolha dos canais a utilizar dependerá dos seus objetivos, público-alvo e orçamento. Aqui está uma descrição mais detalhada de alguns canais de marketing populares.

a. Publicidade paga

A publicidade paga, como Google Ads ou Facebook Ads, pode ser uma forma eficaz de atrair rapidamente tráfego para a sua loja. No entanto, pode ser dispendiosa, especialmente se estiver num nicho altamente competitivo. É importante monitorizar cuidadosamente o retorno do investimento das suas publicidades pagas para garantir que são rentáveis.

b. Marketing de conteúdo

O marketing de conteúdo, como escrever artigos de blog ou criar vídeos, pode ser uma forma eficaz de atrair visitantes para a sua loja e convertê-los em clientes. O marketing de conteúdo também pode ajudar a melhorar o seu SEO, o que pode aumentar a visibilidade nos motores de busca.

c. Redes sociais

As redes sociais, como Facebook, Instagram e Twitter, podem ser canais de marketing eficazes, especialmente se o seu público-alvo for ativo nessas plataformas. Pode utilizar as redes sociais para promover os seus produtos, envolver o seu público e até mesmo fornecer suporte ao cliente.

d. Marketing por e-mail

O marketing por e-mail pode ser uma forma muito rentável de fidelizar os seus clientes. Pode utilizá-lo para informar os seus clientes sobre novos produtos, oferecer promoções especiais e muito mais. É importante garantir que os seus e-mails proporcionam valor aos seus clientes para evitar que se desinscrevam.

e. Parcerias e colaborações

Trabalhar com outras marcas ou influenciadores pode ser uma forma eficaz de alcançar um público mais vasto. Isso pode envolver coisas como posts patrocinados nas redes sociais, colaborações em produtos ou até mesmo eventos conjuntos.

Em resumo, a escolha dos seus canais de marketing dependerá de vários fatores, incluindo os seus objetivos, público-alvo e orçamento. É importante testar diferentes canais para ver quais são mais eficazes para o seu negócio.

5.   *Etapa 5: Análise do impacto*

Uma vez implementada a sua estratégia de marketing, é importante analisar o seu impacto. Esta análise permite compreender se os seus esforços de marketing são eficazes, onde pode fazer melhorias e como pode otimizar as suas iniciativas de marketing para obter melhores resultados.

a. Acompanhamento dos KPIs

Os indicadores-chave de desempenho (KPIs) são medidas quantitativas que ajudam a avaliar a eficácia dos seus esforços de marketing. Isso pode incluir medidas como tráfego no site, taxa de conversão, custo por aquisição, valor vitalício do cliente e muito mais. É importante escolher KPIs diretamente relacionados aos seus objetivos de marketing.

b. Análise de dados

A análise de dados da sua loja Shopify e das suas campanhas de marketing pode fornecer informações valiosas sobre a eficácia dos seus esforços. Por exemplo, pode analisar dados do Google Analytics para compreender como os visitantes interagem com o seu site ou analisar dados das suas campanhas publicitárias para compreender quais mensagens são mais eficazes.

c. Testes A/B

Os testes A/B podem ser uma forma eficaz de otimizar os seus esforços de marketing. Isso envolve testar duas versões diferentes de um elemento de marketing (como uma página de produto, um anúncio ou um e-mail) para ver qual é mais eficaz.

d. Feedback dos clientes

O feedback dos seus clientes pode ser uma fonte valiosa de informações sobre a eficácia do seu marketing. Pode recolher feedback através de inquéritos, comentários nas redes sociais ou simplesmente perguntando diretamente aos seus clientes o que pensam.

Em resumo, a análise do impacto do seu marketing é uma etapa essencial para otimizar os seus esforços e obter melhores resultados. Ao acompanhar os seus KPIs, analisar dados, realizar testes A/B e ouvir o feedback dos seus clientes, pode constantemente melhorar o seu marketing e alcançar os seus objetivos comerciais.

6.   Etapa 6: Revisão e ajuste

A criação de uma estratégia de marketing para a sua loja Shopify de dropshipping não é um processo único, mas sim um esforço contínuo. À medida que o seu negócio evolui, as suas táticas de marketing também precisarão de evoluir. Portanto, é importante rever regularmente a sua estratégia de marketing e efetuar os ajustes necessários.

a. Revisão regular

Recomenda-se rever a sua estratégia de marketing pelo menos uma vez por trimestre. Isso permite considerar as mudanças no seu negócio, mercado ou ambiente competitivo. Por exemplo, se lançar um novo produto, pode ser necessário ajustar a sua estratégia de marketing para promovê-lo.

b. Ajuste com base nos resultados

Ao rever a sua estratégia de marketing, é importante considerar os resultados dos seus esforços de marketing anteriores. Se algumas táticas não estiverem a produzir os resultados desejados, pode ser necessário ajustá-las ou abandoná-las. Da mesma forma, se algumas táticas forem particularmente eficazes, pode querer dedicar mais recursos a elas.

c. Experimentação e inovação

O mundo do marketing está em constante evolução, com novas táticas e tecnologias a surgirem regularmente. Portanto, é importante estar aberto à experimentação e à inovação. Isso pode envolver tentar novas plataformas de redes sociais, experimentar a realidade aumentada ou virtual, ou testar novas abordagens de conteúdo ou narrativa.

d. Formação e aprendizagem contínua

Para se manter atualizado com as últimas tendências e táticas de marketing, é importante dedicar-se à formação e à aprendizagem contínua. Isso pode incluir a participação em cursos online, a assistência a conferências ou webinars, ou a leitura de livros e blogs sobre marketing.

Em resumo, a revisão e o ajuste da sua estratégia de marketing são etapas essenciais para garantir o sucesso contínuo da sua loja Shopify de dropshipping. Ao manter-se flexível e responsivo, pode assegurar que o seu marketing permanece eficaz e alinhado com os seus objetivos comerciais.

Seguindo estas etapas, pode criar uma estratégia de marketing eficaz que o ajudará a alcançar os seus objetivos comerciais e a fazer prosperar a sua loja Shopify de dropshipping.

CAPÍTULO 12: COMO USAR O MARKETING POR E-MAIL E O MARKETING EM REDES SOCIAIS PARA A SUA LOJA SHOPIFY

No mundo dinâmico do comércio eletrônico, a visibilidade e o envolvimento dos clientes são dois elementos-chave para o sucesso. Para uma loja Shopify, isso significa não apenas ter uma presença online sólida, mas também saber como usar eficazmente as ferramentas de marketing digital à sua disposição. Entre essas ferramentas, o marketing por e-mail e o marketing em redes sociais se destacam como estratégias poderosas para alcançar e envolver seu público-alvo.

O marketing por e-mail, um método comprovado e eficaz, permite alcançar seus clientes diretamente em suas caixas de entrada, proporcionando uma plataforma pessoal para compartilhar atualizações, promoções e conteúdo personalizado. Por outro lado, o marketing em redes sociais oferece uma plataforma dinâmica para alcançar um amplo público, estimular o envolvimento e construir uma comunidade em torno de sua marca.

No entanto, a utilização eficaz dessas ferramentas requer mais do que simples mensagens promocionais ou publicações aleatórias. É necessário uma estratégia bem planejada, uma compreensão clara do seu público-alvo e um conhecimento aprofundado das melhores práticas e tendências atuais.

Neste capítulo, vamos mergulhar no mundo do marketing por e-mail e do marketing em redes sociais. Vamos explorar como você pode usar esses canais estrategicamente para aumentar a visibilidade de sua loja Shopify, atrair e reter mais clientes e, finalmente, impulsionar suas vendas. Se você é um iniciante em marketing digital ou está buscando aprimorar suas estratégias existentes, este capítulo fornecerá informações valiosas e dicas práticas para o sucesso em seus esforços de marketing.

◆ ◆ ◆

1. Marketing por e-mail para sua loja Shopify

O marketing por e-mail é uma ferramenta de comunicação poderosa que oferece uma conexão direta e pessoal com seus clientes. Ao contrário de outras formas de marketing digital que dependem do algoritmo de uma plataforma de terceiros, o marketing por e-mail lhe dá total controle sobre sua mensagem e sua distribuição. É um canal que permite falar diretamente com seus clientes, em um espaço que eles consultam regularmente - suas caixas de entrada.

Uma das principais vantagens do marketing por e-mail é a sua versatilidade. Quer esteja lançando um novo produto, anunciando uma venda relâmpago, compartilhando notícias da sua empresa ou fornecendo dicas úteis, o marketing por e-mail pode ser adaptado para atender a uma variedade de objetivos. Além disso, com a capacidade de segmentar sua lista de e-mails, você pode personalizar suas mensagens para atender às necessidades e interesses específicos de diferentes grupos de clientes.

O marketing por e-mail também é uma ferramenta valiosa para construir a fidelidade dos clientes. Oferecendo conteúdo de valor e ofertas exclusivas aos seus assinantes por e-mail, você não só pode incentivar compras repetidas, mas também fortalecer o relacionamento entre seus clientes e sua marca. Isso pode levar a uma maior fidelidade à marca, taxas de retenção mais altas e um valor de vida do cliente mais alto.

Por fim, o marketing por e-mail oferece um impressionante retorno sobre o investimento. De fato, de acordo com um estudo da Direct Marketing Association, o marketing por e-mail pode oferecer um retorno sobre o investimento de até 4300%. Isso faz do marketing por e-mail uma estratégia econômica para lojas Shopify de todos os tamanhos.

Nas seções a seguir, exploraremos como você pode estabelecer uma estratégia eficaz de marketing por e-mail para sua loja Shopify, desde os passos para criar uma lista de e-mails até o design de campanhas de e-mail envolventes e conversoras.

a.   Escolher um serviço de marketing por e-mail

No cenário digital de hoje, existem muitos serviços de marketing por e-mail, cada um oferecendo uma variedade única de recursos, opções de preços e capacidades de integração. Alguns dos serviços mais populares incluem o Mailchimp, o SendinBlue e o Klaviyo. Escolher o serviço certo para sua loja Shopify pode parecer uma tarefa desafiadora, mas, considerando alguns fatores-chave, você pode tomar uma decisão informada que suporta seus objetivos de marketing por e-mail.

Um dos fatores mais importantes a serem considerados é a integração com o Shopify. Um serviço de marketing por e-mail que se integra facilmente com o Shopify pode simplificar significativamente seu fluxo de trabalho de marketing por e-mail. Por exemplo, uma boa integração pode permitir que você sincronize automaticamente suas listas de clientes, rastreie comportamentos de compra e personalize seus e-mails com base nos dados da sua loja.

Em seguida, você deve considerar os recursos oferecidos pelo serviço de marketing por e-mail. Isso pode incluir ferramentas para criação de e-mails, automação de e-mails, segmentação de listas de e-mails, análise e relatórios e muito mais. Certifique-se de escolher um serviço que ofereça os recursos de que você precisa para atingir seus objetivos de marketing por e-mail.

O custo é outro fator importante a ser considerado. Os serviços de marketing por e-mail podem variar muito em termos de preço, com opções para todos os orçamentos. É importante escolher um serviço que se ajuste ao seu orçamento, mas lembre-se de que o custo deve ser equilibrado com os recursos e capacidades do serviço.

Por fim, você também deve considerar a reputação e as avaliações do serviço de marketing por e-mail. As avaliações de outros usuários podem oferecer informações valiosas sobre a confiabilidade do serviço, a qualidade do suporte ao cliente e a satisfação geral dos usuários.

Ao considerar esses fatores, você pode escolher um serviço de marketing por e-mail que atenda aos seus objetivos de marketing, se integre facilmente com sua loja Shopify, ofereça os recursos necessários, caiba no seu orçamento e tenha uma reputação sólida de qualidade e serviço.

b. Criar uma lista de e-mails

A criação de uma lista de e-mails é uma etapa fundamental para começar com o marketing por e-mail. Uma lista de e-mails sólida é o alicerce de qualquer estratégia de marketing por e-mail bem-sucedida, pois permite que você se com comunique diretamente com os clientes e potenciais clientes que manifestaram interesse em sua marca.

A forma mais comum de criar uma lista de e-mails é adicionar uma opção de inscrição na newsletter em seu site. Isso pode ser feito adicionando um formulário de inscrição simples em sua página inicial, nas páginas de produtos ou até mesmo como parte do processo de pagamento. Certifique-se de que o formulário de inscrição seja fácil de encontrar e usar para incentivar os visitantes a se inscreverem.

No entanto, não basta apenas ter um formulário de inscrição. Também é importante tornar a opção de inscrição atraente para os visitantes. Isso pode ser feito oferecendo um incentivo para a inscrição, como um desconto na primeira compra, acesso a ofertas exclusivas ou atualizações sobre novos produtos e vendas futuras. Você também pode usar uma linguagem convincente e envolvente para explicar os benefícios da inscrição em sua newsletter.

Além da opção de inscrição em seu site, você também pode considerar outras formas de expandir sua lista de e-mails. Por exemplo, você pode incentivar inscrições em eventos presenciais, usar as redes sociais para promover sua newsletter ou oferecer uma opção de inscrição por e-mail para clientes que compram em sua loja física.

É importante observar que, independentemente dos métodos que você usa para desenvolver sua lista de e-mails, você deve sempre obter o consentimento explícito das pessoas para receber e-mails de marketing de sua parte. Isso não apenas é uma boa prática, mas também é um requisito legal em muitos países.

Por fim, uma vez que você tenha começado a desenvolver sua lista de e-mails, é importante mantê-la. Isso significa limpar regularmente sua lista para remover endereços de e-mail inválidos ou inativos e continuar a incentivar novas inscrições para manter sua lista de e-mails atualizada e relevante.

c.   Criar campanhas de e-mail

Com uma lista de e-mails em vigor, você está pronto para começar a criar campanhas de e-mail. As campanhas de e-mail são séries de e-mails enviados para segmentos específicos de sua lista de e-mails, projetados para incentivar uma ação ou resultado específico, como uma compra, engajamento ou conscientização de marca.

O tipo de campanha de e-mail que você escolhe criar dependerá de seus objetivos de marketing específicos. Aqui estão alguns tipos de campanhas de e-mail que você pode considerar:

i.   Anúncios de novos produtos

Se você está lançando um novo produto ou uma nova coleção, uma campanha de e-mail pode ser uma excelente maneira de espalhar a palavra. Você pode criar um e-mail (ou uma série de e-mails) que destaque os recursos do produto, mostre o produto em ação e incentive os destinatários a fazer uma compra.

ii.   Promoções e vendas

E-mails promocionais são uma ferramenta poderosa para impulsionar as vendas. Seja oferecendo um desconto por tempo limitado, uma oferta exclusiva para membros da lista de e-mails ou uma venda de fim de temporada, uma campanha de e-mail pode ajudar a aumentar a visibilidade da oferta e incentivar as compras.

iii.   Conteúdo educativo

Os e-mails nem sempre precisam se concentrar em vendas. Compartilhar dicas úteis, guias de uso de produtos ou outro conteúdo educativo pode ajudar a estabelecer sua marca como uma fonte confiável e fortalecer o relacionamento com seus clientes.

iv.   *Atualizações da empresa*

Os e-mails também podem ser uma maneira eficaz de compartilhar notícias ou atualizações da empresa. Seja anunciando uma nova contratação, compartilhando uma conquista importante ou contando uma história sobre a missão de sua empresa, esses e-mails podem ajudar a fortalecer a conexão entre sua marca e seus clientes.

Ao criar suas campanhas de e-mail, é importante manter algumas melhores práticas em mente. Em primeiro lugar, certifique-se de que cada e-mail tenha um objetivo claro e uma chamada à ação forte. Em segundo lugar, tente personalizar seus e-mails o máximo possível, seja usando o nome do destinatário ou adaptando o conteúdo com base em suas preferências ou comportamento de compra. Por fim, não se esqueça de testar e otimizar seus e-mails com base no desempenho para melhorar continuamente suas campanhas de e-mail.

2.   Marketing nas redes sociais para a sua loja Shopify

Na era digital atual, o marketing nas redes sociais tornou-se uma ferramenta indispensável para qualquer empresa que deseje aumentar a sua visibilidade e alcançar um público mais amplo. Para uma loja Shopify, a utilização eficaz das redes sociais não apenas pode aumentar o reconhecimento da marca e atrair mais tráfego para a sua loja, mas também criar uma comunidade envolvida em torno da sua marca.

O marketing nas redes sociais vai além da simples publicação de conteúdo promocional. Trata-se de criar e compartilhar conteúdo que ressoe com o seu público, incentive o envolvimento e promova um relacionamento mais profundo entre os seus clientes e a sua marca. Seja através de postagens de produtos, vídeos dos bastidores, concursos interativos ou discussões ao vivo, cada interação nas redes sociais oferece uma oportunidade de mostrar a personalidade da sua marca e fortalecer a fidelidade dos clientes.

Além disso, as redes sociais proporcionam uma plataforma para ouvir e interagir com os seus clientes. Seja respondendo a comentários, resolvendo problemas de atendimento ao cliente ou coletando feedback, cada interação é uma oportunidade de aprender com os seus clientes e melhorar a sua oferta.

Além disso, as redes sociais também podem ser uma ferramenta poderosa para segmentação e publicidade. Com opções de segmentação detalhada com base em dados demográficos, interesses e comportamentos dos utilizadores, você pode alcançar um público específico com as suas mensagens e anúncios, aumentando assim a eficácia dos seus esforços de marketing.

No entanto, o marketing nas redes sociais requer uma estratégia bem pensada e uma execução consistente. Nas seções seguintes, exploraremos como você pode escolher as plataformas de mídia social certas para a sua marca, criar conteúdo envolvente e usar a publicidade nas redes sociais para alcançar os seus objetivos de marketing.

a. Escolher as plataformas de mídia social certas

Com uma infinidade de plataformas de mídia social disponíveis hoje em dia, pode ser difícil saber em quais concentrar os seus esforços. Cada plataforma tem as suas próprias características únicas, público e métodos de comunicação preferidos. Facebook,

Instagram, Twitter, Pinterest e LinkedIn estão entre as mais populares, mas também existem outras plataformas como Snapchat, TikTok e YouTube que podem ser relevantes, dependendo do seu público-alvo e tipo de produto.

Para escolher as plataformas certas para a sua loja Shopify, você deve primeiro entender o seu público-alvo. Que idade têm eles? Quais são os seus interesses? Em quais plataformas passam mais tempo? Por exemplo, se você estiver segmentando um público mais jovem, plataformas como Instagram e TikTok podem ser mais relevantes. Se você vende produtos que se prestam bem à visualização, como roupas ou joias, o Pinterest e o Instagram podem ser boas opções.

Em seguida, considere o tipo de conteúdo que você pode criar e compartilhar regularmente. O Instagram e o Pinterest têm um foco forte na imagem, enquanto o Twitter é ideal para atualizações rápidas e compartilhamento de conteúdo. O Facebook e o LinkedIn são excelentes para compartilhar uma variedade de conteúdo, incluindo artigos de blog, atualizações da empresa e muito mais.

Também é importante considerar os recursos de que você dispõe. A gestão de várias contas de mídia social pode consumir muito tempo, portanto, é melhor concentrar-se em algumas plataformas e fazê-lo bem do que estender-se muito.

Por fim, lembre-se de que a escolha da plataforma é uma decisão que deve ser reavaliada regularmente. As tendências nas redes sociais mudam rapidamente, e o que funciona hoje pode não funcionar amanhã. Acompanhe o desempenho dos seus esforços de marketing nas redes sociais e não hesite em ajustar a sua estratégia, se necessário.

b. Criar conteúdo envolvente

Nas redes sociais, o conteúdo é mais do que rei - é o coração e a alma da sua presença online. Um conteúdo de qualidade pode ajudar a atrair a atenção, despertar o interesse, promover o envolvimento e construir um relacionamento duradouro com o seu público. Portanto, é crucial criar conteúdo que não apenas seja interessante e relevante para a sua marca, mas também incentive os utilizadores a interagir e envolverem-se.

i.   Fotos de produtos

Fotografias de alta qualidade dos seus produtos podem ser incrivelmente eficazes em plataformas visuais como o Instagram e o Pinterest. Tente capturar os seus produtos sob diferentes ângulos, em contexto e em ação para mostrar aos potenciais clientes o que podem esperar.

ii.   Vídeos

Os vídeos estão cada vez mais populares nas redes sociais e podem ser uma excelente forma de mostrar os seus produtos em ação, partilhar tutoriais ou demonstrações de produtos ou mesmo dar uma vista de olhos nos bastidores da sua empresa.

iii.   Artigos de blog

Se você tem um blog, partilhar os seus artigos nas redes sociais pode ajudar a atrair tráfego para o seu site. Certifique-se de que os seus artigos são relevantes e úteis para o seu público-alvo.

iv.   Concursos e ofertas

Concursos e ofertas podem ser uma excelente forma de promover o envolvimento e ganhar novos seguidores. Certifique-se de que as regras são claras e que o prémio seja atraente para o seu público-alvo.

v.   Conteúdo gerado pelos utilizadores

Incentivar os seus seguidores a partilharem as suas próprias fotos ou experiências com os seus produtos não apenas fornece conteúdo autêntico para a sua marca, mas também reforça a confiança e a fidelidade dos clientes.

vi.   *Histórias e atualizações em tempo real*

Funcionalidades como as Histórias do Instagram e o Facebook Live oferecem formas únicas de partilhar conteúdo em tempo real com o seu público, seja um anúncio de produto, um evento ao vivo ou um dia típico na sua empresa.

Ao criar conteúdo, mantenha sempre em mente o seu público-alvo e os seus objetivos de marca. Certifique-se de que o seu conteúdo esteja alinhado com a sua marca e agregue valor aos seus seguidores. E lembre-se, o envolvimento é uma via de mão dupla - certifique-se de responder aos comentários, agradecer aos seguidores pelo seu apoio e interagir com a sua comunidade de forma autêntica e pessoal.

c.   Utilizar a publicidade nas redes sociais

A publicidade nas redes sociais é uma ferramenta poderosa que pode ajudar a ampliar o alcance, atrair um público mais amplo e impulsionar as conversões para a sua loja Shopify. Graças às opções de segmentação precisa e a uma variedade de formatos publicitários, os anúncios nas redes sociais podem ser um complemento eficaz à sua estratégia de marketing orgânico.

Cada plataforma de mídia social oferece as suas próprias ferramentas de publicidade, cada uma com as suas vantagens:

i.   *Anúncios no Facebook*

O Facebook oferece uma variedade de formatos de anúncios, incluindo anúncios em vídeo, carrosséis de produtos e publicações patrocinadas. Com opções de segmentação detalhada com base na idade, sexo, localização, interesses e comportamento, você pode alcançar o público certo com a mensagem certa.

ii. Anúncios no Instagram

Uma vez que o Instagram faz parte do Facebook, você pode usar as mesmas ferramentas de segmentação para criar anúncios visualmente atraentes no feed do Instagram ou nas Histórias.

iii. Anúncios no Twitter

O Twitter oferece opções para promover tweets individuais, aumentar a notoriedade da marca ou impulsionar o tráfego do site. A segmentação pode ser baseada em palavras-chave, interesses, localizações geográficas e muito mais.

iv. Anúncios no Pinterest

Se você vende produtos visualmente atraentes, o Pinterest pode ser uma excelente plataforma para publicidade. Os anúncios aparecem como pins normais, mas são marcados como patrocinados.

v. Anúncios no LinkedIn

Se você vende produtos B2B ou deseja alcançar profissionais de um determinado setor, o LinkedIn pode ser uma excelente opção. Os anúncios podem ser segmentados com base na indústria, cargo, nível de experiência e muito mais.

Ao criar anúncios nas redes sociais, é importante ter em mente algumas melhores práticas. Em primeiro lugar, certifique-se de que os seus anúncios estejam alinhados com a sua marca e os seus objetivos de marketing. Em segundo lugar, utilize a segmentação para atingir o público certo com a mensagem certa. Por fim, teste e otimize os seus anúncios com base no desempenho para maximizar o seu retorno sobre o investimento.

Usando a publicidade nas redes sociais de forma estratégica, você pode aumentar a visibilidade da sua loja Shopify, atrair mais potenciais clientes e impulsionar as vendas da sua loja.

3.   Conclusão

O marketing por e-mail e o marketing nas redes sociais são muito mais do que simples ferramentas de promoção - são canais de comunicação essenciais que podem ajudar a construir uma relação sólida com o seu público, aumentar a visibilidade da sua loja Shopify e impulsionar as vendas.

O marketing por e-mail permite-lhe comunicar diretamente com os seus clientes regularmente, fornecendo informações relevantes e oportunas sobre os seus produtos, ofertas e marca. Com uma estratégia de marketing por e-mail bem pensada, você pode não apenas atrair novos clientes, mas também fidelizar os clientes existentes e incentivá-los a fazer compras repetidas.

Por outro lado, o marketing nas redes sociais oferece uma plataforma para contar a história da sua marca, partilhar conteúdo envolvente e interagir com o seu público de forma mais informal e pessoal. Ao usar as redes sociais para criar uma comunidade em torno da sua marca, você pode aumentar o envolvimento, fortalecer a fidelidade à marca e transformar os seus seguidores em embaixadores da marca.

No entanto, é importante lembrar que o sucesso no marketing por e-mail e nas redes sociais não acontece da noite para o dia. Requer uma estratégia bem planejada, execução consistente e disposição para experimentar, aprender e otimizar com base no desempenho. Mas com tempo, esforço e perseverança, estas ferramentas podem desempenhar um papel fundamental no crescimento da sua loja Shopify.

Em última análise, o marketing por e-mail e o marketing nas redes sociais são duas peças essenciais do quebra-cabeça do marketing digital. Ao usá-los de forma eficaz e integrá-los numa estratégia de marketing mais ampla, você pode criar uma experiência de marca consistente e envolvente que atrai e retém os clientes.

CAPÍTULO 13: COMO USAR O MARKETING DE INFLUÊNCIA E PUBLICIDADE PAGA PARA SUA LOJA SHOPIFY

No o mundo do comércio eletrônico, a concorrência é feroz. Para se destacar e atrair clientes, é essencial usar estratégias de marketing eficazes. Duas das estratégias mais poderosas são o marketing de influência e a publicidade paga. Neste capítulo, vamos explorar como você pode usar essas duas estratégias para aumentar a visibilidade de sua loja Shopify e impulsionar suas vendas.

◆ ◆ ◆

1. Seção 1: Marketing de influência

O marketing de influência é uma estratégia de marketing que ganhou destaque com o crescimento das redes sociais. É uma abordagem que envolve o uso do poder de persuasão de certas pessoas, chamadas influenciadores, para promover produtos ou serviços.

Os influenciadores são indivíduos que conseguiram construir uma comunidade de seguidores nas redes sociais. Eles podem ser criadores de conteúdo, celebridades, atletas, artistas, blogueiros, especialistas em um campo específico, etc. Eles têm em comum uma forte presença online e a capacidade de influenciar as decisões de compra de sua comunidade por meio de sua experiência, autenticidade e proximidade com seu público.

Os influenciadores têm um relacionamento de confiança com sua comunidade. Seus seguidores os respeitam e valorizam suas opiniões. Eles são frequentemente vistos como líderes de opinião e fontes de inspiração. Portanto, quando um influenciador recomenda um produto ou serviço, seus seguidores são mais propensos a considerá-lo favoravelmente.

O que interessa às marcas no marketing de influência é a capacidade do influenciador de alcançar e envolver um público específico. Ao trabalhar com influenciadores, as marcas podem atingir um público-alvo e engajado, o que pode levar a um aumento na conscientização da marca, no engajamento e nas vendas.

O marketing de influência é particularmente eficaz porque permite que as marcas contornem o crescente ceticismo dos consumidores em relação à publicidade tradicional. Os consumidores estão cada vez mais desconfiados de anúncios e são mais propensos a confiar em uma recomendação de um influenciador que eles seguem e respeitam.

Em resumo, o marketing de influência é uma estratégia poderosa que permite que as marcas se conectem com os consumidores de maneira mais pessoal e autêntica. Ao trabalhar com influenciadores que se encaixam na marca e no público-alvo, as marcas podem criar campanhas de marketing mais eficazes e envolventes.

a. Como criar uma estratégia de marketing de influência

Antes de se aventurar no marketing de influência, é crucial definir claramente seus objetivos. Este é o primeiro passo para criar uma estratégia eficaz de marketing de influência. Você está procurando aumentar a visibilidade da sua marca, aumentar as vendas, melhorar a imagem da marca ou talvez uma combinação de tudo isso?

Se o seu objetivo é desenvolver e aumentar a visibilidade da sua marca, o marketing de influência pode ser uma ótima maneira de fazê-lo. Influenciadores já têm uma audiência envolvida que confia neles. Quando eles compartilham conteúdo sobre sua marca, isso pode ajudar a aumentar a conscientização e atrair novos clientes.

Além disso, o marketing de influência pode oferecer um retorno sobre o investimento (ROI) muito maior do que a publicidade tradicional. De acordo com vários atores do setor, o ROI do marketing de influência seria de cerca de 7€ para cada 1€ investido, o que é muito superior a outras práticas como a publicidade no Facebook. Isso se deve ao fato de as recomendações dos influenciadores geralmente serem percebidas como mais autênticas e credíveis do que os anúncios tradicionais.

Aqui estão algumas etapas para criar uma estratégia de marketing de influência:

i. *Definir seus objetivos*

O primeiro passo é definir o que você deseja realizar com o marketing de influência. Seus objetivos podem incluir o aumento da conscientização da marca, o aumento das vendas, a melhoria da imagem da marca, etc.

ii. *Criar um produto/marca "instagramável"*

Seu produto ou marca deve ser atraente e interessante para ser compartilhado nas redes sociais. Isso aumentará a probabilidade de os influenciadores concordarem em trabalhar com você e de seus seguidores se interessarem pelo seu produto ou serviço.

iii. *Identificar seu público-alvo*

Quem são as pessoas que você está tentando alcançar com sua campanha de marketing de influência? Compreender seu público-alvo ajudará você a escolher os influenciadores certos para sua campanha.

iv. *Escolher os influenciadores certos*

Todos os influenciadores não são iguais. Alguns podem ter uma grande audiência, mas se essa audiência não for relevante para sua marca, sua influência não será eficaz. É importante escolher influenciadores que tenham uma audiência que corresponda ao seu público-alvo e que tenham uma imagem de marca que se alinhe com a sua.

v. *Criar uma oferta de marketing e um briefing*

Defina claramente o que você espera do influenciador e o que está disposto a oferecer em troca. Isso pode incluir detalhes sobre o tipo de conteúdo que você deseja que eles criem, com que frequência deseja que eles publiquem, etc.

vi.   Calcular o orçamento de marketing de influência

Quanto você está disposto a gastar em sua campanha de marketing de influência? Tenha em mente que alguns influenciadores podem cobrar tarifas elevadas por sua colaboração. É importante estabelecer um orçamento realista que permita atingir seus objetivos sem quebrar o banco.

vii.   Entrar em contato com os influenciadores

Depois de identificar os influenciadores com os quais deseja trabalhar, você precisará fazer uma proposta de colaboração a eles. Isso pode incluir detalhes sobre o que você espera deles, o que está dispost o a oferecer em troca, etc.

viii.   Escolher um influenciador

Com base em suas conversas com os influenciadores, escolha aquele que melhor atenda às suas necessidades e ao seu orçamento.

ix.   Faça um contrato com o influenciador

Depois de escolher um influenciador, estabeleça um contrato que detalhe as expectativas de ambas as partes. Isso pode incluir detalhes sobre o tipo de conteúdo a ser criado, o cronograma de publicação, a remuneração, etc.

x.   Acompanhe e meça os resultados

Por fim, é importante acompanhar e medir os resultados de sua campanha de marketing de influência. Isso ajudará você a entender o que está funcionando, o que não está e como pode melhorar suas futuras campanhas. Use ferramentas de análise para acompanhar o desempenho de suas campanhas e ajuste sua estratégia de acordo.

b.   Trabalhando com uma agência de influenciadores

Se você se sente sobrecarregado com o processo de criação de uma campanha de marketing de influência ou simplesmente não tem tempo para lidar com todos os detalhes, trabalhar com uma agência de influenciadores pode ser uma ótima opção.

Uma agência de influenciadores é uma empresa especializada em conectar marcas com os influenciadores certos. Normalmente, eles têm uma ampla rede de influenciadores em várias áreas e podem ajudá-lo a encontrar aqueles que melhor se encaixam com sua marca e seu público-alvo.

Além de ajudá-lo a encontrar os influenciadores certos, uma agência também pode ajudá-lo a negociar os contratos. Isso pode incluir determinar o tipo de conteúdo a ser criado, a frequência das postagens, a remuneração do influenciador, etc. As agências geralmente têm um bom entendimento das taxas de mercado e podem ajudá-lo a obter o melhor retorno sobre o investimento.

Uma agência também pode gerenciar a campanha para você. Isso pode incluir a coordenação com o influenciador, o acompanhamento das postagens, a medição dos resultados e o ajuste da campanha com base no desempenho. Isso pode economizar muito tempo e permitir que você se concentre em outros aspectos de seu negócio.

Por fim, uma agência de influenciadores também pode fornecer relatórios detalhados sobre o desempenho de sua campanha. Isso pode incluir informações sobre o número de visualizações, curtidas, compartilhamentos, comentários, taxa de engajamento, tráfego gerado para seu site, vendas geradas, etc. Essas informações podem ser valiosas para entender a eficácia de sua campanha e planejar futuras iniciativas de marketing de influência.

No entanto, é importante notar que trabalhar com uma agência de influenciadores pode ser caro. As taxas da agência se somam aos custos de remuneração dos influenciadores. Portanto, é importante entender os custos envolvidos antes de decidir trabalhar com uma agência.

2.   Seção 2: Publicidade paga

A publicidade paga, também conhecida como publicidade online ou marketing digital pago, é uma maneira eficaz de gerar tráfego para sua loja Shopify. Envolve a compra de espaços publicitários em várias plataformas online para promover sua marca, produtos ou serviços.

Uma das principais vantagens da publicidade paga é que ela permite alcançar rapidamente um grande público. Além disso, a maioria das plataformas publicitárias oferece opções de segmentação detalhadas que permitem direcionar precisamente seu público com base em diversos critérios, como idade, sexo, localização, interesses, comportamento de compra, etc. Isso pode aumentar a eficácia de seus anúncios e maximizar seu retorno sobre o investimento.

Existem muitas plataformas de publicidade que você pode usar para alcançar seu público-alvo. Cada uma delas tem suas próprias vantagens e desvantagens, e a melhor para você dependerá de seu público-alvo, objetivos e orçamento. Aqui estão algumas das plataformas de publicidade paga mais populares:

a.   Anúncios do Facebook e Instagram

Essas duas plataformas são integradas, o que significa que você pode criar anúncios que serão veiculados em ambas as plataformas. O Facebook e o Instagram oferecem uma variedade de opções de segmentação, incluindo idade, sexo, localização, interesses e muito mais. Você também pode criar anúncios de produtos dinâmicos que exibem automaticamente produtos para pessoas que visitaram seu site. Além disso, essas plataformas oferecem diversos formatos de anúncios, desde imagens e vídeos simples até carrosséis e histórias interativas, permitindo que você envolva seu público de forma criativa.

b. Anúncios do Google e YouTube

O Google oferece uma variedade de opções de publicidade, incluindo anúncios de pesquisa, anúncios de display, anúncios de compras e anúncios de vídeo no YouTube. O Google Ads permite segmentar usuários com base em suas pesquisas, interesses, localização e muito mais. Os anúncios no YouTube, em particular, podem ser uma ótima maneira de apresentar seus produtos de forma visual e envolvente, aproveitando a crescente popularidade do conteúdo em vídeo.

c. Anúncios do Pinterest

O Pinterest é uma plataforma visual onde os usuários descobrem novas ideias e produtos. Os anúncios no Pinterest podem ser uma ótima maneira de apresentar seus produtos a um público engajado. Os usuários do Pinterest geralmente estão em busca de inspiração e, portanto, são mais propensos a ser receptivos a novas marcas e produtos.

d. Anúncios do Snapchat

O Snapchat é uma plataforma popular entre os usuários mais jovens. Os anúncios do Snapchat podem ser uma excelente maneira de alcançar esse público. O Snapchat oferece formatos de anúncios exclusivos, como filtros patrocinados e histórias, que podem ajudar a aumentar o reconhecimento da marca e o engajamento.

e. Simprosys Google Shopping Feed

Esta aplicação ajuda a enviar seu feed de produtos para o Google Shopping, Facebook Ads e Microsoft Ads. Ela automatiza o processo de atualização de seus anúncios de produtos, garantindo que eles estejam sempre atualizados com as informações mais recentes de sua loja Shopify.

f. Flexify: Facebook Product Feed

Esta aplicação ajuda a sincronizar seu catálogo de produtos com o Facebook para criar anúncios de produtos dinâmicos. Facilita a gestão de seus anúncios de produtos no Facebook, permitindo que você atualize automaticamente seus anúncios com base nas alterações em sua loja Shopify.

Cada plataforma publicitária tem suas próprias vantagens e desvantagens, e a escolha depende de seu público-alvo, orçamento e objetivos publicitários. Recomenda-se testar diferentes plataformas e tipos de anúncios para ver o que funciona melhor para sua loja Shopify. Além disso, é importante acompanhar e analisar o desempenho de seus anúncios para entender o que funciona e o que não funciona, e ajustar sua estratégia conforme necessário.

g. Estratégia de Publicidade Paga

i. *Defina seus objetivos*

Antes de começar a criar anúncios, é importante definir o que você espera alcançar. Seus objetivos podem ser aumentar o reconhecimento da marca, atrair mais tráfego para seu site, gerar vendas, etc.

ii.   *Determine seu orçamento*

Determinar seu orçamento é uma etapa crucial na criação de sua estratégia de publicidade paga. Quanto você está disposto a investir para atingir seus objetivos? É importante notar que a publicidade paga frequentemente envolve teste e aprendizado. Você pode precisar ajustar seu orçamento com base nos resultados que está obtendo. É recomendável começar com um orçamento modesto e aumentá-lo gradualmente com base no desempenho de seus anúncios.

iii.   *Segmentar seu público*

Definir seu público-alvo é outra etapa importante. Quem você deseja alcançar com seus anúncios? Use as opções de segmentação das diferentes plataformas publicitárias para atingir seu público-alvo. Isso pode incluir segmentação por idade, sexo, localização, interesses, comportamentos e muito mais. Um bom entendimento de seu público-alvo pode ajudá-lo a criar anúncios mais relevantes e eficazes.

iv.   *Crie anúncios atraentes*

A criação de anúncios atraentes é essencial para chamar a atenção de seu público-alvo. Seus anúncios devem se destacar e incentivar as pessoas a clicar. Use imagens de alta qualidade, títulos cativantes e uma cópia convincente para atrair seu público. Não se esqueça de incluir uma chamada à ação clara para orientar os usuários para a próxima etapa, seja a compra de um produto, a inscrição em um boletim informativo, etc.

v.   *Acompanhe e otimize*

Depois que seus anúncios estiverem em execução, é importante acompanhar seu desempenho e otimizá-los conforme necessário. Use as ferramentas de análise das plataformas publicitárias para ver quais anúncios estão funcionando melhor.

Analise os principais indicadores de desempenho, como custo por clique (CPC), taxa de cliques (CTR), retorno sobre o investimento publicitário (ROAS) e outros. Faça alterações com base nesses insights para melhorar a eficácia de seus anúncios.

Ao combinar marketing de influência e publicidade paga, você pode criar uma estratégia de marketing poderosa para sua loja Shopify. Essas duas estratégias podem se complementar e ajudar a alcançar um público mais amplo, aumentar o reconhecimento da marca e impulsionar as vendas de sua loja Shopify.

3.   Conclusão

O marketing de influência e a publicidade paga são dois pilares essenciais no arsenal de qualquer estratégia de marketing digital bem-sucedida. Quando usados de maneira eficaz e estratégica, eles podem contribuir significativamente para aumentar o reconhecimento da marca de sua loja Shopify, atrair um público mais amplo e impulsionar as vendas.

O marketing de influência, em particular, pode ajudar a estabelecer confiança e credibilidade para sua marca, aproveitando o alcance e a influência de líderes de opinião respeitados em seu setor. Os influenciadores podem atuar como embaixadores de sua marca, apresentando seus produtos a seu público de maneira autêntica e envolvente.

Por outro lado, a publicidade paga pode permitir que você segmente precisamente seu público ideal, veiculando mensagens publicitárias relevantes e atraentes nas plataformas onde passam a maior parte do tempo. Seja nos mecanismos de pesquisa como o Google, nas redes sociais como o Facebook e o Instagram ou em outras plataformas populares como o Pinterest e o Snapchat, a publicidade paga pode ajudá-lo a alcançar seus clientes em potencial onde eles estão.

No entanto, é importante notar que essas estratégias não são uma solução milagrosa. Elas exigem planejamento cuidadoso, execução diligente e otimização constante para obter os melhores resultados. Também é essencial acompanhar e analisar o desempenho de suas campanhas para entender o que funciona e o que não funciona, e fazer os ajustes necessários.

No final, o sucesso de sua loja Shopify dependerá de sua capacidade de usar essas ferramentas de maneira ef icaz para atingir seus objetivos de marketing. Ao combinar o marketing de influência e a publicidade paga e adaptá-los às suas necessidades específicas, você pode criar uma estratégia de marketing sólida que o ajudará a converter mais visitantes em clientes fiéis.

Lembre-se de que o sucesso a longo prazo requer consistência e adaptação. O mundo do comércio eletrônico e do marketing digital está em constante evolução, e é essencial estar atualizado com as últimas tendências e ajustar sua estratégia de acordo.

Seu comprometimento com o aprendizado contínuo e a melhoria constante pode ser um trunfo valioso em sua jornada no e-commerce. Com as estratégias certas e uma abordagem focada, você pode alcançar o sucesso no universo competitivo do e-commerce.

CAPÍTULO 14: COMO FORNECER UM EXCELENTE ATENDIMENTO AO CLIENTE EM SUA LOJA SHOPIFY

O atendimento ao cliente é o coração pulsante de qualquer negócio de comércio eletrônico, e as lojas Shopify não são exceção a essa regra. Ele representa todas as interações que você tem com seus clientes em cada etapa de sua jornada de compra - antes que eles façam um pedido, enquanto navegam e fazem compras, e muito depois que receberam seus produtos.

Antes da compra, o atendimento ao cliente pode se manifestar na forma de respostas a perguntas sobre seus produtos, ajuda na navegação em seu site ou orientação para ajudar os clientes a encontrar o produto que melhor atenda às suas necessidades. Durante a compra, um excelente atendimento ao cliente pode significar um processo de compra fácil de entender, opções de pagamento flexíveis e respostas rápidas a todas as perguntas ou preocupações que possam surgir. Após a compra, o atendimento ao cliente continua com o rastreamento de pedidos, gerenciamento de devoluções e trocas e ouvir os comentários dos clientes para melhorar continuamente sua oferta.

Um excelente atendimento ao cliente é mais do que uma simples cortesia - é uma ferramenta poderosa que pode ajudar a fidelizar os clientes, aumentar as vendas e melhorar a reputação de sua marca. Clientes que têm experiências positivas com seu atendimento ao cliente são mais propensos a fazer compras repetidas, recomendar sua loja a amigos e familiares e deixar avaliações positivas que podem atrair novos clientes. Em outras palavras, um excelente atendimento ao cliente pode ser um motor de crescimento para sua loja Shopify.

◆ ◆ ◆

1.   Compreender as Expectativas dos Clientes

N o mundo digital de hoje, as expectativas dos clientes em relação ao atendimento ao cliente são mais altas do que nunca. Os clientes esperam um atendimento que seja não apenas rápido e eficiente, mas também personalizado e acessível.

A rapidez é essencial no atendimento ao cliente. Em nosso mundo conectado, onde tudo é instantâneo, os clientes esperam respostas rápidas às suas perguntas e preocupações. Seja uma pergunta sobre um produto, uma solicitação de devolução ou uma reclamação, os clientes querem uma solução rápida para seus problemas.

A eficiência também é crucial. Os clientes não querem apenas respostas rápidas, eles também querem respostas que resolvam seus problemas. Isso significa que sua equipe de atendimento ao cliente deve ser bem treinada e bem informada sobre seus produtos e políticas para fornecer respostas precisas e úteis.

A personalização é outra expectativa-chave dos clientes. Eles querem se sentir valorizados e reconhecidos. Eles apreciam quando as empresas lembram de suas preferências, antecipam suas necessidades e oferecem soluções que sejam adequadas às suas situações específicas.

Por fim, a acessibilidade é uma grande expectativa dos clientes de hoje. Eles desejam poder entrar em contato com sua loja pelo canal de sua escolha, seja por e-mail, chat ao vivo, redes sociais ou telefone. Além disso, esperam que esses canais estejam disponíveis a qualquer momento, já que os clientes de hoje fazem compras e precisam de assistência a qualquer hora do dia e da noite.

Compreendendo essas expectativas, você pode estruturar seu atendimento ao cliente de forma a atender às necessidades de seus clientes e oferecer uma experiência positiva a cada interação com sua loja Shopify.

◆ ◆ ◆

2. Estabelecimento de Canais de Comunicação Eficazes

Uma das chaves para fornecer um excelente atendimento ao cliente é oferecer canais de comunicação eficazes. A Shopify oferece uma variedade de opções para se comunicar com seus clientes, permitindo que você atenda às suas necessidades de forma flexível e conveniente.

O e-mail é um canal de comunicação tradicional, mas ainda eficaz. Ele permite uma comunicação detalhada e pode ser usado para enviar confirmações de pedidos, atualizações sobre o status de entrega, respostas a perguntas complexas e muito mais. Também é conveniente para os clientes que podem ler e responder no seu próprio ritmo.

O chat ao vivo é outro canal de comunicação útil. Ele oferece uma interação em tempo real, permitindo resolver problemas rapidamente e responder a perguntas enquanto o cliente ainda está envolvido em seu site. Além disso, o chat ao vivo pode oferecer uma experiência mais pessoal, já que os clientes podem ter uma conversa em tempo real com um representante de atendimento ao cliente.

As redes sociais também são um canal de comunicação importante. Muitos clientes já usam as redes sociais em sua vida diária, o que as torna uma maneira conveniente de entrar em contato com sua loja. As redes sociais também permitem uma comunicação pública, o que pode ser uma vantagem se você fornecer um excelente atendimento ao cliente.

Por fim, o telefone ainda é um canal de comunicação valioso. Embora cada vez mais comunicações migrem para o ambiente online, muitos clientes ainda apreciam a possibilidade de falar com uma pessoa real pelo telefone, especialmente para problemas complexos ou urgentes.

Ao configurar seus canais de comunicação, é importante escolher aqueles que se adequam melhor ao seu público-alvo. Por exemplo, se seu público for mais jovem, eles podem preferir as redes sociais ou o chat ao vivo. Se você vender produtos mais complexos, o telefone pode ser uma escolha melhor. Depois de escolher seus canais, é crucial gerenciá-los de forma eficaz para garantir uma resposta rápida e consistente às demandas dos clientes.

3.   Responder às Solicitações

e Reclamações dos Clientes

Quando um cliente entra em contato com você com uma pergunta ou reclamação, é crucial responder de forma rápida, profissional e empática. Cada interação com um cliente é uma oportunidade para fortalecer o relacionamento com ele e mostrar o comprometimento de sua marca com um excelente atendimento.

A rapidez é essencial. Em nosso mundo conectado, os clientes esperam respostas rápidas. Um atraso na resposta pode levar à frustração e dar a impressão de que seu problema ou pergunta não está sendo levado a sério. Portanto, é importante ter processos em vigor para responder rapidamente às solicitações dos clientes, seja por e-mail, chat ao vivo, redes sociais ou telefone.

A profissionalismo também é crucial. Os clientes esperam respostas precisas e informativas para suas perguntas e soluções eficazes para seus problemas. Isso requer uma equipe de atendimento ao cliente bem treinada que comp reenda seus produtos, políticas e procedimentos. Além disso, uma comunicação clara e respeitosa é essencial para manter o profissionalismo.

A empatia é outro componente-chave na resposta às solicitações e reclamações dos clientes. É importante entender o ponto de vista do cliente e reconhecer as emoções que ele pode estar sentindo. A empatia pode ajudar a acalmar situações tensas e fazer com que o cliente se sinta ouvido e valorizado.

Finalmente, se você não puder resolver imediatamente o problema do cliente, é importante acompanhar o problema e manter o cliente informado sobre o progresso. Isso pode envolver a comunicação com outros membros de sua equipe, contatando o fornecedor ou fazendo pesquisas adicionais. O acompanhamento mostra ao cliente que você leva o problema dele a sério e está comprometido em encontrar uma solução.

Ao responder às solicitações e reclamações dos clientes de forma rápida, profissional e empática, você pode transformar uma situação potencialmente negativa em uma experiência positiva que fortalece o relacionamento com o cliente.

◆ ◆ ◆

4. Gerenciamento de Devoluções e Reembolsos

O gerenciamento de devoluções e reembolsos é uma parte essencial do atendimento ao cliente no comércio eletrônico. Os clientes apreciam a flexibilidade e a conveniência de poder devolver ou trocar produtos que não atendem às suas expectativas. Além disso, uma política de devolução generosa pode ser um fator decisivo para os clientes ao decidirem onde fazer suas compras.

A Shopify facilita o gerenciamento de devoluções e reembolsos, oferecendo ferramentas integradas para lidar com esses processos. Você pode criar políticas de devolução claras e detalhadas que sejam facilmente acessíveis para seus clientes. Essas políticas podem incluir informações sobre o período em que as devoluções são aceitas, as condições que os produtos devem atender para serem devolvidos e como os clientes podem iniciar uma devolução.

Além de criar políticas de devolução, a Shopify permite que

você gerencie os reembolsos diretamente de seu painel. Você pode emitir reembolsos completos ou parciais, conforme a situação. Ao emitir um reembolso, você também pode optar por reembolsar as despesas de envio, o que pode ser um gesto de boa vontade em relação ao cliente.

É importante notar que o gerenciamento eficaz de devoluções e reembolsos também requer uma excelente comunicação com o cliente. Os clientes devem ser informados sobre o status de sua devolução ou reembolso, e qualquer pergunta ou preocupação deve ser abordada de forma rápida e profissional.

Em última análise, um gerenciamento eficaz de devoluções e reembolsos não apenas resolve os problemas dos clientes, mas também fortalece sua confiança em sua marca e sua lealdade a longo prazo. Uma política de devolução generosa e um gerenciamento eficaz de reembolsos podem transformar uma experiência negativa em uma experiência positiva, incentivando os clientes a continuar fazendo compras em sua loja Shopify.

5. Personalização da Experiência do Cliente

A personalização é uma ferramenta poderosa para melhorar a experiência do cliente e fortalecer a fidelidade à marca. Ao adaptar a experiência de compra a cada cliente individual, você não só pode atender às suas necessidades específicas, mas também fazê-los sentir que são valorizados e apreciados.

Uma das maneiras de personalizar a experiência do cliente é personalizar suas comunicações. Isso pode significar o uso do nome do cliente em e-mails, personalização de boletins informativos com base nos interesses do cliente ou o envio de mensagens direcionadas com base no comportamento de compra do cliente. Por exemplo, se um cliente comprou recentemente um certo tipo de produto, você pode enviar a ele e-mails apresentando produtos semelhantes ou complementares.

Outra forma de personalizar a experiência é recomendar produtos com base nas preferências e no comportamento de compra do cliente. A Shopify oferece ferramentas que permitem mostrar aos clientes recomendações de produtos com base no que eles já visualizaram ou compraram. Isso não apenas ajuda os clientes a descobrir novos produtos que eles podem gostar, mas também aumenta o valor médio dos pedidos.

Por fim, você pode personalizar a experiência do cliente oferecendo promoções especiais que sejam relevantes para cada cliente. Por exemplo, você pode oferecer um desconto em um produto que o cliente costuma comprar ou oferecer frete grátis a um cliente que atingiu um determinado valor em compras em sua loja.

A personalização da experiência do cliente pode exigir investimento de tempo e recursos para coletar e analisar dados do cliente. No entanto, os benefícios em termos de melhoria da experiência do cliente, aumento da fidelidade à marca e aumento das vendas podem compensar amplamente esse investimento.

◆ ◆ ◆

6.   Construção da Fidelidade do Cliente

A construção da fidelidade do cliente é um aspecto fundamental na gestão bem-sucedida de uma loja Shopify. Um cliente fiel é mais propenso a fazer compras repetidas, recomendar sua loja para outras pessoas e contribuir para o crescimento de longo prazo de seu negócio. Um excelente atendimento ao cliente é uma das maneiras mais eficazes de construir essa fidelidade.

Um excelente atendimento ao cliente vai além da simples resolução de problemas - trata-se de criar uma experiência positiva para o cliente em cada interação. Isso pode significar responder rapidamente a perguntas, ir além para resolver problemas ou até mesmo surpreender e encantar os clientes com gestos inesperados. Quando os clientes se sentem valorizados e bem tratados, são mais propensos a permanecer fiéis à sua loja.

Programas de fidelidade são outra ferramenta eficaz para construir a fidelidade do cliente. Esses programas podem recompensar os clientes por compras repetidas, oferecendo descontos, presentes, pontos de fidelidade ou outros benefícios. A Shopify oferece ferramentas que permitem configurar e gerenciar facilmente programas de fidelidade.

Ofertas especiais também podem incentivar a fidelidade do cliente. Isso pode incluir a oferta de descontos exclusivos para clientes fiéis, dando acesso a produtos ou serviços especiais ou oferecendo benefícios como frete grátis. Essas ofertas especiais podem dar aos clientes um motivo adicional para continuar comprando em sua loja.

Em última análise, a construção da fidelidade do cliente é um processo contínuo que exige compromisso com um excelente atendimento ao cliente, ofertas e programas que recompensem os clientes por sua fidelidade e disposição para ouvir e atender às necessidades e preferências dos clientes.

◆ ◆ ◆

7.   Medição da Satisfação do Cliente

A medição da satisfação do cliente é uma etapa essencial para entender a eficácia de seus esforços de atendimento ao cliente e identificar áreas que podem precisar de melhoria. Existem várias maneiras de medir a satisfação do cliente, cada uma oferecendo insights exclusivos sobre a experiência do cliente.

Pesquisas de satisfação do cliente são uma ferramenta valiosa para coletar informações diretamente de seus clientes. Essas pesquisas podem ser tão simples ou detalhadas quanto necessário, abordando aspectos como a qualidade do atendimento ao cliente, a facilidade de uso do site, a qualidade dos produtos e muito mais. As pesquisas podem ser enviadas após cada interação com o atendimento ao cliente ou em intervalos regulares para rastrear a evolução da satisfação do cliente ao longo do tempo.

Os comentários sobre produtos são outra fonte valiosa de informações sobre a satisfação do cliente. Ao examinar os comentários deixados pelos clientes sobre seus produtos, você pode obter informações sobre o que está funcionando bem e o que pode precisar de melhoria. Comentários positivos podem indicar os pontos fortes de sua loja, enquanto comentários negativos podem revelar áreas de melhoria potencial.

Outras ferramentas de medição da satisfação do cliente podem incluir a análise do comportamento do cliente em seu site, como o tempo gasto no site, a taxa de rejeição e a taxa de conversão. Essas medidas podem fornecer insights sobre a experiência geral do cliente ao navegar e fazer compras em sua loja.

É importante notar que a medição da satisfação do cliente não deve ser uma atividade pontual, mas sim um processo contínuo. Ao medir regularmente a satisfação do cliente, você pode acompanhar o progresso ao longo do tempo, identificar problemas rapidamente e tomar medidas para melhorar a experiência do cliente.

◆ ◆ ◆

8. Estudos de Caso de Lojas Shopify de Sucesso com Excelente Atendimento ao Cliente

Analisar as melhores práticas de outras lojas Shopify pode fornecer ideias valiosas e estratégias eficazes para melhorar seu próprio atendimento ao cliente. Aqui estão alguns exemplos de lojas Shopify que conseguiram oferecer um excelente atendimento ao cliente.

a. Allbirds

A Allbirds é uma marca de calçados conhecida por seu compromisso com o conforto e a sustentabilidade. Mas o que realmente distingue a Allbirds é seu compromisso com um atendimento ao cliente excepcional. A Allbirds oferece uma generosa política de devolução de 30 dias, na qual os clientes podem devolver os sapatos por qualquer motivo, mesmo que já tenham sido usados. Além disso, a equipe de atendimento ao cliente da Allbirds é conhecida por sua resposta rápida e útil a perguntas e preocupações dos clientes.

b. Gymshark

A Gymshark é uma marca de roupas esportivas que experimentou um crescimento rápido graças à sua presença online. A Gymshark estabeleceu um atendimento ao cliente eficaz que inclui um chat ao vivo em seu site, permitindo que os clientes recebam respostas instantâneas às suas perguntas. Além disso, a Gymshark usa as redes sociais para interagir com seus clientes, oferecendo outra opção para o atendimento ao cliente.

c. BlenderBottle

A BlenderBottle é uma empresa que vende shakers de proteína e acessórios de fitness. A BlenderBottle enfatiza a oferta de um atendimento ao cliente de alta qualidade, com uma equipe de atendimento ao cliente dedicada disponível por telefone, e-mail e chat ao vivo. A BlenderBottle também oferece uma garantia vitalícia em seus produtos, demonstrando seu compromisso com a satisfação do cliente.

Esses estudos de caso mostram como diferentes empresas usaram as ferramentas e estratégias à sua disposição para oferecer um excelente atendimento ao cliente. Ao examinar esses exemplos, você pode encontrar ideias e inspiração para melhorar seu próprio atendimento ao cliente em sua loja Shopify.

9.   Conclusão

Fornecer um excelente atendimento ao cliente em sua loja Shopify pode parecer uma tarefa árdua, mas é um investimento que pode trazer recompensas significativas em termos de fidelização de clientes e crescimento nas vendas. Com as estratégias corretas, as ferramentas apropriadas e uma disposição para ouvir e atender às necessidades de seus clientes, você pode criar uma experiência excepcional para o cliente que destaque sua loja em relação às outras.

Um excelente atendimento ao cliente começa com uma compreensão profunda das expectativas de seus clientes. No mundo digital de hoje, os clientes esperam um serviço rápido, eficiente, personalizado e acessível. Atender a essas expectativas não apenas resolve os problemas dos clientes, mas também cria uma experiência positiva que fortalece seu relacionamento com a marca.

A utilização eficaz dos canais de comunicação também é essencial para um excelente atendimento ao cliente. Seja por e-mail, chat ao vivo, redes sociais ou telefone, cada canal oferece oportunidades únicas para interagir com seus clientes e atender às suas necessidades.

A gestão de devoluções e reembolsos, a personalização da experiência do cliente, a construção da fidelidade do cliente e a medição da satisfação do cliente são outros aspectos-chave de um excelente atendimento ao cliente. Cada um desses elementos contribui para criar uma experiência geral do cliente que incentiva os clientes a retornar à sua loja.

Por fim, é importante lembrar que a excelência no atendimento ao cliente não é um destino, mas uma jornada. É um processo de melhoria contínua, onde você ouve o feedback dos clientes, aprende com seus erros e busca constantemente maneiras de melhorar. Com essa mentalidade, você pode transformar seu atendimento ao cliente em uma vantagem competitiva poderosa para sua loja Shopify.

CAPÍTULO 15: COMO GERIR DEVOLUÇÕES, REEMBOLSOS E AVALIAÇÕES DE CLIENTES NA SUA LOJA SHOPIFY

A gestão de devoluções, reembolsos e avaliações de clientes é uma parte essencial da gestão de uma loja online. Esses elementos não são apenas aspectos administrativos do seu negócio, mas também são pontos de contato importantes com seus clientes que podem ter um impacto significativo em sua experiência de compra.

As devoluções e reembolsos são frequentemente vistos como uma parte negativa da operação de um negócio de comércio eletrônico, mas também podem ser uma oportunidade para mostrar aos seus clientes o quanto você se preocupa com sua satisfação. Uma política de devolução fácil e transparente pode ajudar a fortalecer a confiança dos clientes em sua loja e incentivá-los a fazer compras, sabendo que podem devolver os itens se não estiverem satisfeitos.

Da mesma forma, as avaliações dos clientes são um recurso valioso para qualquer loja online. Elas fornecem feedback direto sobre seus produtos e serviços, permitindo que você identifique áreas onde se destaca e aquelas que podem precisar de melhoria. Além disso, avaliações positivas podem ser uma ferramenta de marketing poderosa, fornecendo uma prova social que pode incentivar outros clientes em potencial a fazer uma compra.

No entanto, a gestão de devoluções, reembolsos e avaliações de clientes pode ser um desafio, especialmente se você lida com um grande volume de pedidos. Felizmente, o Shopify oferece uma variedade de ferramentas e recursos que podem facilitar esses processos.

Neste capítulo, vamos explorar em detalhes como você pode gerir eficazmente as devoluções, reembolsos e avaliações de clientes na sua loja Shopify. Abordaremos as melhores práticas para a criação de políticas de devolução, gestão dos processos de devolução e reembolso, coleta e gestão de avaliações de clientes e muito mais. Se você é um novo proprietário de loja ou está procurando melhorar seus processos existentes, este capítulo fornecerá as informações de que você precisa para gerenciar esses aspectos importantes do seu negócio de maneira eficaz e eficiente.

◆ ◆ ◆

1. Gestão de devoluções
e reembolsos

a. Política de devolução

O primeiro passo para gerir devoluções é estabelecer uma política de devolução clara e transparente. Essa política é mais do que apenas um documento legal, é uma comunicação direta entre você e seus clientes que define seus direitos e obrigações em relação a devoluções.

Uma política de devolução bem elaborada deve ser facilmente acessível em seu site. Você pode colocá-la no rodapé ou no menu principal, ou até mesmo incluir um link para ela em suas descrições de produtos e e-mails de confirmação de pedidos. O objetivo é garantir que seus clientes possam encontrá-la facilmente a qualquer momento, estejam fazendo uma compra ou considerando devolver um item.

Sua política de devolução deve detalhar as condições sob as quais um produto pode ser devolvido. Isso pode incluir informações sobre o tipo de produtos que podem ser devolvidos (por exemplo, alguns produtos, como roupas íntimas ou produtos personalizados, podem não ser elegíveis para devolução), o estado em que os produtos devem estar para serem devolvidos (por exemplo, não utilizados, na embalagem original, etc.) e qualquer outra condição específica da sua loja.

O processo de devolução também deve ser claramente explicado em sua política. Isso pode incluir instruções sobre como solicitar uma devolução, como os produtos devem ser embalados para a devolução e informações sobre o envio de devolução, como o endereço de devolução e quem é responsável pelas despesas de envio de devolução.

Por fim, sua política de devolução deve especificar os prazos de devolução. É comum oferecer um prazo de 30 dias para devoluções, mas você pode optar por estender ou encurtar esse prazo, dependendo do seu modelo de negócios e produtos.

Uma política de devolução clara e transparente pode ajudar a evitar mal-entendidos e conflitos com seus clientes e também pode fortalecer a confiança deles em sua loja. Ao dedicar tempo para criar uma política de devolução detalhada e fácil de entender, você pode facilitar o processo de devolução tanto para você quanto para seus clientes.

b. Processo de devolução no Shopify

O Shopify oferece ferramentas integradas para gerir devoluções, tornando mais fácil o acompanhamento e a gestão dessas transações para os proprietários de lojas. Essas ferramentas são projetadas para serem intuitivas e fáceis de usar, mesmo para aqueles que são novos na gestão de uma loja online.

Para iniciar o processo de devolução no Shopify, você deve primeiro acessar a interface de administração da sua loja. Aqui, você encontrará uma lista de todos os pedidos feitos na sua loja. Você pode procurar o pedido específico que deseja devolver usando o número do pedido, o nome do cliente ou outros detalhes relevantes.

Assim que encontrar o pedido, você pode iniciar o processo de devolução clicando em "Criar devolução". Isso abrirá uma nova página onde você poderá inserir os detalhes da devolução.

Ao criar uma devolução, você deve especificar quais itens estão sendo devolvidos. O Shopify permite selecionar os itens específicos do pedido que estão sendo devolvidos, o que é especialmente útil se apenas uma parte do pedido estiver sendo devolvida. Você também pode especificar a quantidade de cada item que está sendo devolvida se o cliente tiver pedido várias unidades do mesmo produto.

Além dos itens devolvidos, você deve fornecer um motivo para a devolução. O Shopify oferece uma lista de motivos de devolução comuns que você pode escolher, como "produto com defeito" ou "produto errado enviado". Você também pode inserir seu próprio motivo se nenhuma das opções predefinidas se aplicar à situação.

O processo de devolução no Shopify é projetado para ser o mais simples e eficiente possível, permitindo que você gerencie as devoluções rapidamente e minimize as interrupções para o seu negócio. Usando essas ferramentas, você pode garantir que seus clientes recebam um serviço de devolução de alta qualidade, o que pode contribuir para a satisfação geral deles e para a fidelização à sua marca.

c. Reembolsos

Além das devoluções, a gestão de reembolsos é outra parte essencial da gestão da sua loja online. Os reembolsos podem ser necessários por diversas razões, seja devido a um produto com defeito, um erro de pedido ou simplesmente porque um cliente mudou de ideia. Qualquer que seja a razão, é importante gerir os reembolsos de forma eficaz e profissional para manter a satisfação dos clientes.

No Shopify, o processo de reembolso é projetado para ser o mais simples possível. Para começar, você deve acessar a interface de administração da sua loja e encontrar o pedido específico que deseja reembolsar. Isso pode ser feito usando o número do pedido, o nome do cliente ou outros detalhes relevantes.

Assim que encontrar o pedido, você pode iniciar o processo de reembolso clicando em "Reembolsar". Isso abrirá uma nova página onde você poderá inserir os detalhes do reembolso.

Ao criar um reembolso, você deve inserir o valor que deseja reembolsar. O Shopify permite que você reembolse o valor total do pedido ou pode optar por reembolsar apenas parte do pedido, se isso for mais apropriado. Por exemplo, se apenas um item de um pedido com vários itens estiver sendo devolvido, você pode escolher reembolsar apenas o custo desse item.

Além do valor do reembolso, você deve fornecer um motivo para o reembolso. Assim como nas devoluções, o Shopify oferece uma lista de motivos de reembolso comuns que você pode escolher, ou você pode inserir seu próprio motivo.

Por fim, ao criar um reembolso, você também tem a opção de repor os itens devolvidos e notificar o cliente por e-mail sobre o reembolso. A reposição dos itens adiciona automaticamente os itens devolvidos ao seu inventário, o que pode ajudar a manter níveis de inventário precisos. A notificação por e-mail informa ao cliente que o reembolso foi processado, o que pode ajudar a manter uma boa comunicação com o cliente e fortalecer a confiança na sua loja.

Ao gerir os reembolsos de forma eficaz e profissional, você pode não apenas garantir a satisfação dos clientes, mas também manter um controle financeiro preciso para a sua loja.

2. Gestão de avaliações de clientes

a. Coleta de avaliações

A coleta de avaliações de clientes é uma etapa crucial para compreender a experiência dos seus clientes e melhorar os seus produtos e serviços. As avaliações dos clientes oferecem uma visão direta do que os seus clientes pensam dos seus produtos, o que pode ajudar a identificar pontos fortes e áreas que podem precisar de melhorias.

O Shopify reconhece a importância das avaliações dos clientes e, por isso, oferece uma aplicação de avaliações de produtos integrada. Esta aplicação permite-lhe recolher e gerir as avaliações dos seus produtos diretamente a partir da sua interface de administração do Shopify.

A aplicação de avaliações de produtos do Shopify é projetada para ser fácil de usar. Ela se integra diretamente à sua loja e adiciona automaticamente uma seção de avaliações a cada página de produto. Os clientes podem deixar uma avaliação preenchendo um simples formulário na página do produto.

Além de recolher as avaliações, a aplicação também permite que você modere as avaliações. Isso significa que você pode rever cada avaliação antes que ela seja publicada no seu site, dando-lhe a oportunidade de responder às preocupações dos clientes ou recusar avaliações que não estejam de acordo com as suas diretrizes.

A aplicação também oferece opções para personalizar a aparência das avaliações no seu site. Você pode escolher a cor, o tamanho e o estilo das estrelas de classificação, e também pode adicionar imagens ou vídeos às avaliações.

Ao utilizar a aplicação de avaliações de produtos do Shopify, você não só pode recolher avaliações valiosas dos seus clientes, mas também criar uma experiência de avaliação que corresponda à sua marca e à sua loja. As avaliações dos clientes podem ser uma ferramenta de marketing poderosa e, ao integrá-las de forma profissional e atrativa ao seu site, você pode incentivar mais clientes a deixar avaliações e compartilhar suas experiências.

b. Gestão de avaliações

Uma vez que você começou a recolher avaliações, é importante geri-las eficazmente. A gestão das avaliações não se limita à sua coleta, mas inclui também a análise, a resposta e o uso delas para melhorar a sua loja.

O primeiro passo na gestão das avaliações é lê-las e compreendê-las. Pode parecer óbvio, mas é essencial dedicar tempo para ler cuidadosamente cada avaliação e entender o que o cliente gostou ou não gostou. Isso pode lhe dar insights valiosos sobre os pontos fortes dos seus produtos e as áreas que podem precisar de melhoria.

Responder às avaliações também é uma parte importante da sua gestão. Seja a avaliação positiva ou negativa, é sempre bom responder. Para avaliações positivas, um simples agradecimento pode ser suficiente para mostrar ao cliente que você aprecia o seu apoio. Para avaliações negativas, uma resposta bem pensada pode mostrar ao cliente que você leva as preocupações a sério e está determinado a resolver o problema. Em todos os casos, uma resposta mostra que você está atento aos comentários dos seus clientes e se preocupa com a experiência deles.

Por fim, é importante usar as avaliações para melhorar a sua loja. As avaliações dos clientes podem lhe dar uma visão direta do que funciona e do que não funciona na sua loja. Ao levar esses comentários em consideração, você pode fazer alterações nos seus produtos, no seu atendimento ao cliente, no seu site e em outros aspectos da sua loja para melhorar a experiência geral dos seus clientes.

A gestão eficaz das avaliações não só pode melhorar a satisfação dos clientes, mas também fortalecer a reputação da sua loja e aumentar as vendas. Ao dedicar tempo para gerir as avaliações corretamente, você pode aproveitar ao máximo esse recurso valioso.

c. Importação e exportação de avaliações

A aplicação de avaliações de produtos do Shopify também oferece a opção de importar e exportar avaliações de produtos. Esses recursos podem ser extremamente úteis em várias situações, seja você migrando de outro serviço de avaliações, desejando analisar suas avaliações fora do Shopify ou fazendo backup de suas avaliações por motivos de segurança ou conformidade.

i.   Importação de avaliações

Se você estiver migrando de outro serviço de avaliações ou tiver coletado avaliações de outras maneiras, a importação de avaliações pode ajudá-lo a integrar essas avaliações em sua loja Shopify. A aplicação de avaliações de produtos do Shopify permite importar avaliações de um arquivo CSV, o que significa que você pode transferir facilmente avaliações de quase todas as outras plataformas ou formatos de dados.

Ao importar avaliações, é importante garantir que seus dados estejam formatados corretamente para serem compatíveis com a aplicação de avaliações de produtos do Shopify. Isso pode incluir informações como o nome do produto, o ID do produto, o nome do cliente, a classificação da avaliação, o título da avaliação, o texto da avaliação e a data da avaliação.

ii.   Exportação de avaliações

Da mesma forma, a exportação de avaliações pode ser útil se você deseja analisar suas avaliações fora do Shopify, fazer backup de suas avaliações ou planeja migrar para outra plataforma. A aplicação de avaliações de produtos do Shopify permite que você exporte suas avaliações em um arquivo CSV, o que permite usá-las em várias outras aplicações ou plataformas.

Ao exportar avaliações, você pode optar por exportar todas as suas avaliações ou apenas uma seleção delas. Por exemplo, você pode optar por exportar apenas as avaliações de um determinado produto, apenas as avaliações com uma determinada classificação ou apenas as avaliações de um determinado período.

Usando as funcionalidades de importação e exportação da aplicação de avaliações de produtos do Shopify, você pode gerenciar suas avaliações de forma mais flexível e eficaz, garantindo que sempre possa acessar e utilizar suas avaliações, independentemente do contexto.

3.   Conclusão

A gestão eficaz de devoluções, reembolsos e avaliações de clientes é um componente essencial para o sucesso de sua loja Shopify. Esses aspectos, embora às vezes sejam considerados secundários em relação à venda de produtos, são na verdade elementos-chave que contribuem para a satisfação geral dos clientes e a reputação de sua loja.

Ao utilizar as ferramentas integradas do Shopify, você pode simplificar e automatizar muitos aspectos da gestão de devoluções e reembolsos. Essas ferramentas permitem que você processe solicitações de devolução de forma organizada, reembolse os clientes rapidamente e reposicione os itens devolvidos em seu inventário, tudo isso diretamente da interface de administração do Shopify.

Da mesma forma, a aplicação de avaliações de produtos do Shopify oferece uma plataforma para coletar, gerenciar e responder a avaliações de clientes. Essas avaliações são uma mina de informações valiosas que podem ajudá-lo a entender as necessidades e preferências de seus clientes, melhorar seus produtos e serviços e fortalecer a confiança dos clientes em sua loja.

Ao estabelecer políticas claras para devoluções e reembolsos, você também pode ajudar a evitar mal-entendidos e fortalecer a confiança dos clientes. Uma política de devolução transparente e um processo de reembolso rápido podem fazer uma grande diferença na experiência de compra de um cliente e até mesmo transformar uma experiência negativa em uma experiência positiva.

Em última análise, a gestão eficaz de devoluções, reembolsos e avaliações de clientes é uma questão de serviço ao cliente. Ao enfocar a satisfação do cliente e fazer o possível para resolver problemas e atender às preocupações, você não apenas garante uma experiência positiva para seus clientes, mas também melhora continuamente sua loja e aumenta suas chances de sucesso a longo prazo.

CAPÍTULO 16: COMO AUMENTAR O VALOR MÉDIO DOS PEDIDOS E A TAXA DE CONVERSÃO NA SUA LOJA SHOPIFY

No mundo do comércio eletrônico, dois indicadores-chave desempenham um papel crucial na maximização das receitas da sua loja Shopify: o Valor Médio dos Pedidos (Average Order Value, AOV) e a taxa de conversão. O AOV é o valor médio gasto pelos clientes cada vez que fazem um pedido na sua loja. Aumentar o AOV significa aumentar o valor médio que cada cliente gasta, o que pode ter um impacto significativo nas suas receitas globais.

Por outro lado, a taxa de conversão é a porcentagem de visitantes da sua loja que realizam uma compra. Uma taxa de conversão mais alta significa que você está sendo mais eficaz em convencer os visitantes do seu site a agir e se tornarem clientes pagantes. Isso é um indicador-chave da eficácia da sua estratégia de marketing e vendas.

Esses dois indicadores estão intimamente ligados à sua rentabilidade global. Ao incentivar os clientes a comprarem mais itens a cada pedido e convertendo mais visitantes em clientes, você pode aumentar suas receitas sem precisar atrair mais tráfego para o seu site. Essa é uma estratégia mais lucrativa e sustentável a longo prazo.

No entanto, aumentar o AOV e a taxa de conversão não é uma tarefa fácil. Isso requer um profundo entendimento do seu público-alvo, uma estratégia de marketing e vendas bem planejada e uma execução impecável. Nas seções a seguir, exploraremos várias estratégias que você pode implementar para aumentar o valor médio dos pedidos e a taxa de conversão na sua loja Shopify.

1.   Aumentar o valor médio dos pedidos

a.   Oferecer descontos em compras em volume

Incentivar a compra em volume é uma estratégia comprovada para aumentar o valor médio dos pedidos. Ao oferecer descontos em compras em volume, você incentiva os clientes a comprar mais itens a cada vez que fazem um pedido, aumentando assim o valor total da venda.

Por exemplo, você pode implementar uma estrutura de desconto progressivo, onde a compra de dois itens dá direito a um desconto de 10%, e a compra de três itens ou mais dá direito a um desconto de 20%. Isso cria um senso de urgência e valor para o cliente, incentivando-os a comprar mais para economizar mais.

Além disso, essa estratégia pode ser especialmente eficaz se você vende produtos que são frequentemente comprados juntos ou que são necessários em múltiplas unidades. Por exemplo, se você vende produtos de beleza, pode oferecer um desconto na compra de vários produtos da mesma linha. Ou se você vende suprimentos de escritório, pode oferecer um desconto na compra de várias unidades do mesmo item.

É importante observar que essa estratégia deve ser implementada com cuidado. Você deve garantir que está oferecendo descontos em produtos que têm margem suficiente para absorver o desconto sem prejudicar sua lucratividade. Além disso, você deve comunicar claramente os detalhes da oferta aos seus clientes para evitar qualquer confusão.

No final das contas, oferecer descontos em compras em volume é uma estratégia ganha-ganha. Isso permite que os clientes sintam que estão fazendo um bom negócio, ao mesmo tempo em que aumenta o valor médio dos pedidos para o seu negócio.

b. Oferecer vendas cruzadas e vendas adicionais

As vendas cruzadas e as vendas adicionais são técnicas de marketing poderosas que podem aumentar consideravelmente o valor médio dos pedidos na sua loja Shopify. Elas não apenas aumentam o valor de cada venda, mas também melhoram a experiência de compra do cliente, oferecendo produtos que agregam valor à sua compra inicial.

i.   Vendas adicionais

As vendas adicionais consistem em incentivar os clientes a comprar uma versão mais cara ou premium de um produto que eles já escolheram. Por exemplo, se um cliente estiver interessado em um laptop básico, você pode sugerir um modelo mais avançado que ofereça melhor desempenho ou recursos adicionais. A ideia é mostrar ao cliente como um gasto ligeiramente maior pode proporcionar um valor significativamente maior.

É importante abordar as vendas adicionais com tato. Os clientes não devem sentir que estão sendo pressionados, mas sim que estão sendo oferecidas opções que podem atender melhor às suas necessidades. Além disso, é crucial oferecer produtos que sejam realmente relevantes para o cliente e que agreguem valor à sua compra.

ii.   *Vendas cruzadas*

As vendas cruzadas, por outro lado, consistem em incentivar os clientes a comprar produtos complementares aos que já escolheram. Por exemplo, se um cliente comprar um vestido, você pode sugerir que compre também sapatos ou uma bolsa que complemente o visual. As vendas cruzadas podem ajudar a aumentar o valor médio dos pedidos incentivando os clientes a fazer compras adicionais que não tinham inicialmente planejado.

Assim como nas vendas adicionais, as vendas cruzadas devem ser feitas com cuidado. Os produtos sugeridos devem ser relevantes e agregar valor à compra inicial do cliente. Além disso, é importante não sobrecarregar o cliente com muitas sugestões, pois isso pode tornar o processo de compra muito complexo e desencorajá-lo de concluir a compra.

Ao combinar estrategicamente vendas adicionais e vendas cruzadas, você pode aumentar o valor médio dos pedidos enquanto melhora a experiência de compra dos seus clientes.

c.   Oferecer frete grátis para pedidos acima de um certo valor

Valor de 40 euros ao carrinho pode ser incentivado a procurar e adicionar outro item de 10 euros para se qualificar para o frete grátis. Isso não apenas aumenta o valor do pedido atual, mas também pode introduzir o cliente a outro produto que ele pode comprar novamente no futuro.

É importante observar que essa estratégia deve ser implementada com cuidado. O valor mínimo para frete grátis deve ser definido em um nível que incentive os clientes a adicionar mais itens ao carrinho, mas não tão alto a ponto de desencorajar as compras. Além disso, você deve garantir que pode oferecer frete grátis sem prejudicar sua lucratividade.

No final das contas, oferecer frete grátis para pedidos acima de um certo valor é uma estratégia ganha-ganha que pode aumentar o valor médio dos pedidos e melhorar a satisfação dos clientes.

2.   Aumentar a taxa de conversão

a. Otimizar a página do produto

A otimização da página do produto é uma etapa crucial para aumentar a taxa de conversão. Muitas vezes, é o ponto de decisão para os clientes, onde eles avaliam as informações disponíveis e decidem adicionar o produto ao carrinho ou procurar em outro lugar. Aqui estão alguns elementos-chave a serem considerados para otimizar suas páginas de produtos.

i.   Usar fotos de alta qualidade

As fotos dos produtos são um dos primeiros elementos que os clientes veem ao chegar a uma página de produto. Fotos de alta qualidade podem ajudar a criar uma primeira impressão positiva e dar aos clientes uma boa ideia de como o produto é. É recomendável incluir várias fotos de diferentes ângulos e, se possível, fotos do produto em uso. Isso permite que os clientes visualizem o produto em diferentes contextos e entendam como ele pode se encaixar em suas vidas cotidianas.

ii.   Escrever descrições de produtos detalhadas e convincentes

As descrições de produtos desempenham um papel crucial ao fornecer informações aos clientes sobre as características e os benefícios do produto. Uma boa descrição de produto deve ser informativa e convincente. Deve destacar as principais características do produto, explicar como ele resolve um problema ou atende a uma necessidade do cliente e incluir palavras e frases que despertem emoção e excitação. Também é importante usar uma linguagem clara e simples para facilitar a compreensão do cliente.

iii.   Destacar os benefícios do produto

Além de descrever as características do produto, é importante destacar os benefícios do produto para o cliente. Isso pode incluir elementos como a durabilidade do produto, sua eficácia ou como ele pode melhorar a vida do cliente. Destacar esses benefícios pode ajudar a convencer os clientes do valor do produto e incentivá-los a fazer uma compra.

iv.   Tornar o botão "Adicionar ao carrinho" bem visível e fácil de clicar

Por fim, o botão "Adicionar ao carrinho" é um dos elementos mais importantes da página do produto. Deve ser bem visível e fácil de clicar. Um botão "Adicionar ao carrinho" que é difícil de encontrar ou clicar pode frustrar os clientes e desencorajá-los a fazer uma compra. Recomenda-se usar uma cor contrastante para o botão "Adicionar ao carrinho" para que ele se destaque e usar um tamanho de botão suficientemente grande para que seja facilmente clicável.

Ao otimizar esses elementos da página do produto, você pode criar uma experiência de compra mais agradável para seus clientes e aumentar a taxa de conversão de sua loja Shopify.

b. Simplificar o processo de pagamento

Um processo de pagamento fluido e sem atritos é essencial para converter visitantes em clientes. Se o processo for muito complicado ou demorar muito tempo, os clientes podem abandonar seus carrinhos e procurar em outro lugar. Aqui estão algumas estratégias para simplificar o processo de pagamento e aumentar a taxa de conversão.

i. Oferecer várias opções de pagamento

Os clientes valorizam a flexibilidade ao fazer seus pagamentos. Ao oferecer várias opções de pagamento, você pode atender a uma variedade maior de clientes, incluindo aqueles que preferem pagamentos com cartão de crédito, débito, PayPal ou até transferência bancária. Certifique-se também de garantir todas as transações para proteger as informações financeiras de seus clientes e fortalecer a confiança em sua loja.

ii. Reduzir o número de páginas ou etapas

Cada etapa adicional no processo de pagamento oferece aos clientes a oportunidade de mudar de ideia e abandonar a compra. Ao reduzir o número de páginas ou etapas necessárias para concluir uma compra, você pode tornar o processo mais rápido e fácil para seus clientes, aumentando assim a probabilidade de eles finalizarem a compra.

iii. Permitir compras como convidado

Obrigar os clientes a criar uma conta antes de poderem fazer uma compra pode ser um obstáculo significativo. Alguns clientes podem não querer perder tempo criando uma conta ou podem estar preocupados com a segurança de suas informações pessoais. Permitir que os clientes façam compras como convidados pode eliminar esse obstáculo e tornar o processo de pagamento mais rápido e fácil.

iv.   Otimizar para dispositivos móveis

Cada vez mais, os clientes fazem compras em dispositivos móveis, portanto, é essencial que seu processo de pagamento seja otimizado para esses dispositivos. Isso significa que os botões devem ser grandes o suficiente para serem facilmente clicados em uma tela sensível ao toque, o texto deve ser grande o suficiente para ser facilmente lido em uma tela pequena e as páginas devem carregar rapidamente para não fazer os clientes esperarem.

c.   Usar chamadas claras para ação

As chamadas para ação (CTAs) são elementos essenciais de qualquer estratégia de marketing online. Eles guiam os usuários pelo processo de compra, indicando.

Uma das estratégias mais eficazes para aumentar o valor médio dos pedidos é oferecer frete grátis para pedidos que atingem um determinado valor mínimo. As taxas de envio costumam ser um fator decisivo na decisão de compra de um cliente. Na verdade, estudos mostraram que taxas de envio elevadas são uma das principais razões pelas quais os clientes abandonam seus carrinhos. Ao oferecer frete grátis, você não apenas incentiva os clientes a concluir suas compras, mas também a adicionar mais itens ao carrinho para atingir o valor mínimo para frete grátis.

Por exemplo, se você definir o valor mínimo para frete grátis em 50 euros, um cliente que já adicionou itens no claramente o que eles devem fazer em seguida. Um CTA eficaz pode aumentar significativamente a taxa de conversão de sua loja Shopify. Aqui estão alguns pontos a serem considerados ao criar seus CTAs.

i.   Clareza da mensagem

Um bom CTA deve ser claro e direto. Deve indicar precisamente o que os clientes devem fazer em seguida e o que podem esperar em troca. Por exemplo, "Adicionar ao carrinho" ou "Comprar agora" são CTAs claros que indicam exatamente o que o cliente deve fazer. Evite termos vagos ou genéricos que possam causar confusão.

ii.   *Visibilidade do CTA*

O CTA deve ser bem visível e se destacar do restante da página. Isso significa usar uma cor contrastante que chame a atenção e colocar o CTA em um local onde os clientes provavelmente o verão. Por exemplo, o botão "Adicionar ao carrinho" deve ser colocado próximo à imagem do produto e à descrição, onde o cliente é mais provável de procurar.

iii.   *Tamanho e design do CTA*

O tamanho do CTA deve ser suficientemente grande para ser facilmente clicável, especialmente para os usuários de dispositivos móveis. O design do CTA também deve ser atraente e consistente com o restante de sua marca. Isso pode incluir o uso de suas cores de marca, fontes e outros elementos de design.

iv.   *Teste e otimização do CTA*

Por fim, é importante testar e otimizar seus CTAs para maximizar sua eficácia. Isso pode incluir testes A/B de diferentes textos, cores, locais e designs de CTA para ver o que funciona melhor. Usando ferramentas de análise, você pode acompanhar o desempenho de seus CTAs e fazer ajustes com base nos resultados.

Ao usar chamadas para ação claras e eficazes, você pode guiar os clientes pelo processo de compra, aumentar a taxa de conversão e, finalmente, aumentar as vendas de sua loja Shopify.

d.   Oferecer um excelente atendimento ao cliente

Um excelente atendimento ao cliente é um elemento essencial de qualquer negócio de sucesso e pode ter um impacto significativo na taxa de conversão de sua loja Shopify. Um serviço de alta qualidade pode ajudar a tranquilizar os clientes, resolver seus problemas e responder às suas perguntas, o que pode incentivá-los a concluir a compra. Aqui estão algumas maneiras de oferecer um excelente atendimento ao cliente.

i.   *Chat ao vivo*

Oferecer um chat ao vivo em seu site pode fornecer assistência instantânea aos clientes que têm perguntas ou preocupações. Isso pode ajudar a resolver problemas em tempo real, o que pode incentivar os clientes a concluir a compra. Além disso, o chat ao vivo pode proporcionar uma experiência mais pessoal e interativa, o que pode ajudar a construir um relacionamento mais forte com os clientes.

ii.   *Resposta rápida aos e-mails dos clientes*

Os clientes apreciam uma resposta rápida aos seus e-mails. Isso mostra que você leva suas preocupações a sério e está disposto a dedicar tempo para ajudá-los. Tente responder aos e-mails dos clientes dentro de 24 horas, se possível. Se a resposta a uma pergunta exigir mais tempo, informe o cliente de que você recebeu o e-mail e está trabalhando para obter uma resposta.

iii.   *Informações claras e detalhadas sobre políticas de devolução e reembolso*

Políticas de devolução e reembolso claras e detalhadas podem tranquilizar os clientes em relação à compra. Isso pode ser especialmente importante para clientes que compram itens caros ou estão inseguros sobre a compra. Certifique-se de que suas políticas de devolução e reembolso sejam facilmente acessíveis em seu site e escritas em linguagem clara e simples.

iv.   Treinamento da equipe de atendimento ao cliente

Garanta que sua equipe de atendimento ao cliente esteja bem treinada e capaz de responder às perguntas e preocupações dos clientes. Eles devem estar informados sobre seus produtos, políticas e procedimentos para poderem fornecer respostas precisas e úteis.

Oferecendo um excelente atendimento ao cliente, você pode aumentar a satisfação dos clientes, melhorar a taxa de conversão e fortalecer a fidelidade à sua marca.

◆ ◆ ◆

3.   Conclusão

Aumentar o valor médio dos pedidos e a taxa de conversão é uma tarefa complexa que requer planejamento estratégico e implementação eficaz. É um processo contínuo que exige atenção constante e ajustes regulares para atender às necessidades em constante mudança de seus clientes e às tendências de mercado.

As estratégias discutidas, como oferecer descontos em compras em grande quantidade, sugerir vendas adicionais e cruzadas, oferecer frete grátis para pedidos acima de um certo valor, otimizar a página do produto, simplificar o processo de pagamento, usar chamadas claras para ação e fornecer um excelente atendimento ao cliente, são todas métodos comprovados para aumentar o valor médio dos pedidos e a taxa de conversão.

No entanto, é importante lembrar que cada loja Shopify é única, e o que funciona para uma loja pode não funcionar para outra. Portanto, é crucial testar diferentes estratégias, acompanhar os resultados e ajustar suas táticas conforme necessário.

No final, o objetivo é criar uma experiência de compra positiva para seus clientes, incentivando-os não apenas a comprar mais, mas também a voltar para futuras compras. Concentrando-se em fornecer valor aos seus clientes e trabalhando constantemente para melhorar sua experiência, você pode maximizar a receita de sua loja Shopify e garantir o sucesso a longo prazo de seu negócio de dropshipping.

Por fim, lembre-se de que o sucesso não acontece da noite para o dia. Leva tempo, paciência e perseverança para construir um negócio de dropshipping próspero. Mas, com uma estratégia bem pensada e uma execução eficaz, você pode aumentar o valor médio dos pedidos e a taxa de conversão, transformando sua loja Shopify em um sucesso.

CAPÍTULO 17: COMO USAR O REMARKETING PARA AUMENTAR AS VENDAS NA SUA LOJA SHOPIFY

O remarketing, também conhecido como retargeting, é uma estratégia de marketing digital que revolucionou a forma como as empresas interagem com seus potenciais clientes. Trata-se de uma abordagem que permite que as empresas se reconectem com os visitantes do seu site que não fizeram uma compra ou não concluíram uma ação desejada, como preencher um formulário ou se inscrever em uma newsletter.

Esta estratégia baseia-se no uso de cookies, pequenos arquivos de dados armazenados no navegador do usuário, que permitem rastrear as atividades online do usuário e coletar informações sobre seus hábitos de navegação. Essas informações são então usadas para apresentar ao usuário anúncios personalizados e direcionados quando ele visita outros sites ou usa aplicativos móveis.

No contexto do comércio eletrônico e, mais especificamente, do Shopify, uma plataforma de comércio eletrônico amplamente utilizada por empresas de todos os tamanhos, o remarketing pode ser uma ferramenta poderosa para aumentar as vendas e a fidelidade do cliente. De fato, ao direcionar os usuários que já demonstraram interesse em seus produtos ou serviços, você pode aumentar a relevância de suas mensagens publicitárias e melhorar a eficácia de seus esforços de marketing.

Além disso, o remarketing também pode ajudar a aumentar o reconhecimento da marca e a fortalecer o relacionamento entre a empresa e o cliente. Ao ver regularmente sua marca e seus produtos, os clientes têm mais probabilidade de se lembrar de você e considerar sua empresa como uma opção viável quando estiverem prontos para fazer uma compra.

Em resumo, o remarketing é uma estratégia de marketing digital essencial que pode ajudar as empresas a maximizar seu potencial de vendas, melhorar o reconhecimento da marca e fortalecer os relacionamentos com seus clientes.

1.   O que é remarketing?

O remarketing, às vezes chamado de retargeting, é uma sofisticada estratégia de marketing digital que permite exibir anúncios personalizados para os usuários que já visitaram seu site ou interagiram com seu conteúdo online. Essa técnica baseia-se no uso de cookies, pequenos arquivos de dados que são colocados no computador ou dispositivo móvel do usuário quando ele visita seu site. Esses cookies coletam informações sobre os hábitos de navegação do usuário, incluindo as páginas que ele visitou, os produtos que visualizou e as ações que realizou em seu site.

Uma vez que esses cookies estejam instalados, eles permitem que sua empresa rastreie o usuário enquanto ele navega na internet. Quando o usuário visita outros sites que fazem parte da mesma rede de publicidade, esses cookies detectam sua presença e acionam a exibição de anúncios direcionados para sua empresa. Esses anúncios podem ser personalizados com base nas informações coletadas pelos cookies, o que permite apresentar ao usuário anúncios diretamente relacionados aos seus interesses e interações anteriores com seu site.

O remarketing é uma técnica poderosa, pois permite direcionar os usuários que já demonstraram interesse em sua empresa, aumentando assim a probabilidade de eles retornarem ao seu site para fazer uma compra. Além disso, ao apresentar anúncios personalizados que estão diretamente relacionados aos interesses do usuário, o remarketing pode melhorar a eficácia de seus anúncios e aumentar o retorno sobre o investimento de seus esforços de marketing digital.

Em resumo, o remarketing é uma estratégia de marketing digital que permite às empresas permanecerem na mente dos consumidores, melhorar a relevância de seus anúncios e aumentar a eficácia de seus esforços de marketing online.

◆ ◆ ◆

2. Por que o remarketing é importante para sua loja Shopify?

O remarketing é especialmente útil para as lojas Shopify por várias razões. Em primeiro lugar, permite direcionar os usuários que já demonstraram interesse em seus produtos ou serviços. Isso significa que seus anúncios têm maior probabilidade de ser relevantes e atrativos para esses usuários, o que pode aumentar a probabilidade de eles fazerem uma compra. Em outras palavras, o remarketing permite aproveitar ao máximo seu tráfego existente, reconectando-se com os usuários que já demonstraram interesse em sua marca.

Além disso, o remarketing pode ajudar a aumentar o reconhecimento da sua marca. Ao apresentar regularmente anúncios para usuários que já visitaram seu site, você pode permanecer na mente deles. Isso pode ser especialmente útil no mundo do comércio eletrônico, onde os consumidores frequentemente têm várias opções e podem facilmente esquecer uma marca que visitaram apenas uma vez.

O remarketing também pode ajudar a aumentar o valor vitalício do cliente. Ao direcionar os usuários que já fizeram uma compra em seu site, você pode incentivá-los a retornar e fazer compras adicionais. Isso pode ser especialmente eficaz se você usar o remarketing para apresentar anúncios de produtos complementares ou ofertas especiais que possam interessar aos seus clientes existentes.

Por fim, o remarketing pode ajudá-lo a coletar dados valiosos sobre seus clientes. Acompanhando os hábitos de navegação e os comportamentos de compra de seus usuários, você pode obter informações valiosas que podem ajudar a refinar sua estratégia de marketing e melhorar a experiência do usuário em seu site.

Em resumo, o remarketing é uma ferramenta essencial para qualquer loja Shopify que deseja maximizar seu potencial de vendas, aumentar o reconhecimento da marca, melhorar a fidelidade do cliente e coletar dados valiosos sobre seus clientes.

3. Como implementar uma estratégia de remarketing

para sua loja Shopify?

a. Uso das ferramentas de remarketing do Google

O Google, como um dos maiores players do mundo digital, oferece uma série de ferramentas robustas de remarketing que podem ser integradas ao Shopify para maximizar seus esforços de marketing. Essas ferramentas são projetadas para ajudá-lo a alcançar os usuários que já interagiram com seu site ou aplicativo móvel, apresentando a eles anúncios personalizados enquanto navegam na web ou usam aplicativos móveis.

Uma das ferramentas mais populares é o Google Ads, que oferece uma função de remarketing poderosa e flexível. Com o Google Ads, você pode criar listas de remarketing com base nos comportamentos específicos dos usuários em seu site, como visualizar páginas de produtos, adicionar itens ao carrinho de compras ou concluir compras. Você pode então criar anúncios direcionados para cada uma dessas listas, garantindo que os usuários vejam mensagens relevantes com base em suas ações passadas.

Além disso, o Google também oferece o Google Analytics, uma ferramenta poderosa para rastrear o comportamento do usuário em seu site. Com o Google Analytics, você pode obter informações detalhadas sobre como os usuários interagem com seu site, o que pode ajudar a informar sua estratégia de remarketing.

b. Uso de aplicativos de remarketing do Shopify

O Shopify oferece uma variedade de aplicativos que podem ajudá-lo a implementar estratégias de remarketing de maneira eficaz. Esses aplicativos são projetados para simplificar o processo de criação e gerenciamento de campanhas de remarketing, permitindo que você alcance os usuários certos com mensagens relevantes.

Alguns aplicativos populares de remarketing para Shopify incluem:

- Shoelace: Este aplicativo é projetado especificamente para lojas Shopify e oferece uma solução completa de remarketing. Ele permite que você crie facilmente campanhas de remarketing de anúncios no Facebook, Instagram e outros canais.

- AdRoll: AdRoll é uma plataforma de publicidade que oferece recursos avançados de remarketing, incluindo anúncios dinâmicos que exibem automaticamente produtos que os usuários visualizaram em seu site.

- Criteo: Criteo é uma plataforma de publicidade que se concentra em remarketing dinâmico. Ele permite que você crie anúncios altamente personalizados com base no comportamento do usuário em seu site.

c. Criação de conteúdo relevante

Um aspecto crucial do remarketing é a criação de conteúdo relevante e atraente que ressoe com seu público-alvo. Isso envolve a criação de anúncios que se baseiam nas ações anteriores dos usuários em seu site. Por exemplo, se um usuário abandonou o carrinho de compras, você pode criar anúncios que destacam os produtos no carrinho e oferecem incentivos para concluir a compra.

Além disso, você pode criar anúncios que destacam produtos complementares aos que o usuário visualizou anteriormente, incentivando compras adicionais. A segmentação precisa e a personalização dos anúncios são fundamentais para o sucesso do remarketing.

d. Definição de metas e acompanhamento

de resultados

Para medir o sucesso de sua estratégia de remarketing, é essencial definir metas claras e acompanhar os resultados. Você pode usar ferramentas como o Google Analytics e as ferramentas de análise integradas ao Shopify para monitorar o desempenho de suas campanhas de remarketing. Algumas métricas importantes a serem acompanhadas incluem a taxa de cliques (CTR), o retorno sobre o investimento (ROI) e a taxa de conversão.

Com base nas métricas, você pode ajustar suas campanhas de remarketing conforme necessário para melhorar o desempenho e alcançar seus objetivos de negócios.

◆ ◆ ◆

4.   Exemplos de estratégias de remarketing eficazes para lojas Shopify na França

Para ilustrar como o remarketing pode ser eficaz para lojas Shopify na França, vou fornecer alguns exemplos de estratégias que podem ser aplicadas:

a.   Abandono de carrinho

Um cenário comum em lojas online é o abandono de carrinho, onde os clientes adicionam produtos ao carrinho de compras, mas não concluem a compra. Para abordar isso, você pode criar uma campanha de remarketing direcionada aos usuários que abandonaram o carrinho. Os anúncios podem incluir uma mensagem incentivando-os a retornar e concluir a compra, oferecendo descontos ou destacando a conveniência de comprar na sua loja.

b. Produtos relacionados

Outra estratégia eficaz é mostrar aos clientes produtos relacionados aos que eles visualizaram ou compraram anteriormente. Por exemplo, se um cliente comprou um laptop, você pode usar o remarketing para mostrar anúncios de acessórios, como bolsas para laptops ou periféricos. Isso aumenta as chances de vendas adicionais e a satisfação do cliente.

c. Clientes inativos

Não se esqueça dos clientes que fizeram compras no passado, mas não visitaram sua loja há algum tempo. Você pode criar campanhas de remarketing para reengajar esses clientes, apresentando-lhes novos produtos ou oferecendo descontos exclusivos para incentivá-los a retornar à sua loja.

d. Segmentação geográfica

Se você opera uma loja online na França, pode se beneficiar da segmentação geográfica em suas campanhas de remarketing. Por exemplo, se você tem lojas físicas em várias cidades francesas, pode direcionar anúncios específicos para usuários com base em sua localização geográfica, destacando ofertas ou eventos locais.

◆ ◆ ◆

5.   Considerações finais

O remarketing é uma estratégia poderosa para lojas Shopify na França e em todo o mundo. Permite que você maximize o valor de seu tráfego existente, aumente o reconhecimento da marca, melhore a fidelidade do cliente e colete dados valiosos sobre seus clientes. Ao usar ferramentas como o Google Ads e aplicativos de remarketing do Shopify, criar conteúdo relevante e acompanhar os resultados, você pode criar campanhas de remarketing eficazes que impulsionarão suas vendas e o sucesso de sua loja online.

CAPÍTULO 18: COMO ANALISAR E OTIMIZAR O DESEMPENHO DA SUA LOJA SHOPIFY

1. Introdução à análise e otimização de desempenho

A análise e otimização de desempenho desempenham um papel fundamental no sucesso da sua loja Shopify no dropshipping. Ao compreender os dados-chave e tomar decisões com base em informações precisas, você pode maximizar suas chances de sucesso. Neste capítulo, exploraremos em detalhes as diversas estratégias e ferramentas que você pode utilizar para avaliar o desempenho da sua loja Shopify e implementar melhorias direcionadas.

A análise de desempenho permite medir e avaliar objetivamente a saúde e o rendimento da sua loja Shopify. Ao entender métricas-chave, como taxa de conversão, faturamento, carrinho médio e outros indicadores relevantes, você obterá uma visão clara do desempenho geral da sua loja.

A otimização de desempenho envolve a identificação de áreas onde melhorias podem ser feitas para otimizar a rentabilidade, aumentar as vendas e proporcionar uma melhor experiência ao cliente. Ao analisar os dados coletados e compreender os comportamentos dos visitantes, você poderá fazer ajustes estratégicos para maximizar os resultados.

Neste capítulo, guiaremos você pelas várias etapas da análise e otimização de desempenho. Apresentaremos ferramentas e métodos eficazes para coletar e interpretar dados, além de fornecer dicas práticas para tomar decisões informadas.

Seja você um novato em análise de dados ou deseje aprofundar seus conhecimentos, este capítulo ajudará você a dominar as habilidades necessárias para avaliar o desempenho da sua loja Shopify e implementar melhorias estratégicas. Ao entender as forças e fraquezas da sua loja, você poderá tomar decisões informadas e moldar eficazmente o seu negócio.

Pronto para mergulhar no mundo da análise e otimização de desempenho da sua loja Shopify? Continuaremos nossa exploração para fornecer o conhecimento e as ferramentas de que você precisa para ter sucesso.

◆ ◆ ◆

2.   Coleta de dados na sua loja Shopify

Antes de mergulhar na análise de desempenho da sua loja Shopify, é essencial coletar dados relevantes para obter uma visão clara e precisa de como ela funciona. Aqui estão algumas etapas-chave para ajudar você a começar:

a.   Uso do Google Analytics

O Google Analytics é uma ferramenta poderosa que permite rastrear o comportamento dos visitantes no seu site. Integrando o Google Analytics à sua loja Shopify, você pode obter informações detalhadas sobre o tráfego, conversões, fontes de tráfego, comportamento dos visitantes e muito mais. Certifique-se de configurar corretamente o Google Analytics, adicionando o código de rastreamento à sua loja. Isso permitirá que você colete dados valiosos sobre o desempenho da sua loja.

b. Acompanhamento de indicadores-chave de desempenho (KPI)

Os indicadores-chave de desempenho (KPI) são medidas essenciais para avaliar a saúde geral da sua loja Shopify. Eles fornecem uma visão resumida do desempenho da sua loja. Alguns KPI importantes incluem taxa de conversão, receita por visitante, carrinho médio, taxa de rejeição, número de páginas vistas, etc. Identifique os KPI mais relevantes para o seu negócio e monitore-os regularmente. Esses indicadores ajudarão você a medir o seu progresso, identificar possíveis problemas e tomar decisões informadas para otimizar o desempenho.

c. Configuração de metas de conversão

Metas de conversão são ações específicas que você deseja que os visitantes realizem no seu site, como a compra de um produto, a inscrição na sua newsletter ou a solicitação de um orçamento. A configuração de metas de conversão no Google Analytics permite medir e analisar essas ações. Isso ajudará você a avaliar a eficácia das suas campanhas de marketing, páginas de destino e processos de conversão. Defina metas de conversão relevantes de acordo com os seus objetivos comerciais e monitore-as regularmente para avaliar o seu desempenho.

Ao implementar essas etapas de coleta de dados, você terá uma base sólida para analisar e otimizar o desempenho da sua loja Shopify. Essas informações valiosas ajudarão você a entender como a sua loja se comporta, identificar pontos fortes e oportunidades de melhoria e tomar decisões estratégicas com base em dados concretos.

Vamos agora para a próxima etapa da nossa exploração, onde veremos como analisar profundamente esses dados para obter insights acionáveis e implementar melhorias direcionadas para a sua loja Shopify.

◆ ◆ ◆

3. Análise do tráfego e comportamento dos visitantes

Compreender a origem do seu tráfego e como os visitantes interagem com a sua loja online é crucial para otimizar o desempenho da sua loja Shopify. Aqui estão alguns pontos-chave a serem considerados:

a. Estudo das fontes de tráfego

Analisar as fontes de tráfego que direcionam os visitantes para a sua loja Shopify é essencial para otimizar os seus esforços de marketing. As principais fontes de tráfego podem incluir pesquisa orgânica, campanhas publicitárias, mídias sociais, campanhas de e-mail, links de entrada de outros sites, etc. Identifique as fontes que geram o maior tráfego qualificado e concentre os seus esforços nelas. Isso permitirá maximizar a sua visibilidade e atrair um público relevante para a sua loja.

b. Análise do comportamento dos visitantes no seu site

O uso de ferramentas de análise, como o Google Analytics, permite examinar o comportamento dos visitantes no seu site. Identifique as páginas mais visitadas, as páginas de saída, a duração média das sessões, a taxa de rejeição, etc. Essas informações ajudarão a entender como os visitantes interagem com a sua loja, quais são as páginas mais atraentes e quais precisam de melhorias. Ao analisar o comportamento dos visitantes, você pode identificar os pontos fortes e fracos da sua loja Shopify e tomar decisões estratégicas para melhorar a experiência do usuário.

c. Uso de funis de conversão

Funis de conversão são ferramentas poderosas para visualizar a jornada dos visitantes desde a sua chegada ao site até a realização da ação desejada, como a compra de um produto. Ao analisar as etapas do processo de compra, você pode identificar pontos de atrito onde pode perder visitantes e fazer melhorias para aumentar as conversões. Identifique as páginas com altas taxas de abandono e otimize-as simplificando o processo de compra, melhorando a clareza das chamadas para ação e reduzindo obstáculos potenciais.

Ao analisar o tráfego e o comportamento dos visitantes na sua loja Shopify, você obterá informações valiosas para otimizar o seu marketing, melhorar a experiência do usuário e aumentar as conversões. Esses dados ajudarão você a tomar decisões informadas e implementar melhorias direcionadas para maximizar o desempenho da sua loja online.

4. Avaliação do desempenho
dos produtos

A avaliação do desempenho dos seus produtos é uma etapa essencial para maximizar as suas vendas e rentabilidade na sua loja Shopify. Aqui estão alguns aspectos-chave a considerar durante esta avaliação:

a. Análise das vendas e do volume de negócios por produto

Analisar os dados de venda permite-lhe identificar quais produtos geram mais volume de negócios na sua loja. Identifique os produtos que vendem melhor e contribuem mais para a sua rentabilidade. Ao compreender o desempenho individual de cada produto, pode determinar os fatores que contribuem para o seu sucesso e usar essa informação para otimizar as suas estratégias de venda.

b. Identificação dos produtos mais rentáveis

Ao avaliar o desempenho dos seus produtos, é essencial considerar as margens de lucro. Identifique os produtos que geram as margens mais elevadas, mesmo que não sejam necessariamente os melhores vendedores em termos de volume de negócios. Concentre os seus esforços de promoção e destaque nestes produtos rentáveis para maximizar os seus lucros.

c. Gestão dos produtos com baixo desempenho

Se alguns produtos não corresponderem às suas expectativas de vendas, é importante agir rapidamente. Pode considerar a remoção desses produtos da sua loja ou fazer alterações para torná-los mais atrativos para os seus clientes. A otimização do seu catálogo de produtos é essencial para manter uma loja competitiva e em constante evolução. Identifique produtos com baixo desempenho e procure oportunidades de melhoria, seja através de alterações nas descrições, imagens, preços ou explorando novos produtos mais adequados para o seu público.

Ao avaliar regularmente o desempenho dos seus produtos, poderá tomar decisões informadas para maximizar as vendas e otimizar a rentabilidade. Uma compreensão profunda da sua gama de produtos ajudá-lo-á a manter-se competitivo no mercado e a oferecer uma experiência de compra atraente aos seus clientes.

◆ ◆ ◆

5.   Otimização da experiência do utilizador

A experiência do utilizador é um factor determinante para o sucesso da sua loja Shopify. Aqui estão algumas estratégias-chave para otimizar a experiência do utilizador e oferecer uma experiência de navegação agradável aos seus visitantes:

a. Melhoria da velocidade de carregamento do site

A velocidade de carregamento do seu site é um elemento crucial para a experiência do utilizador. Tempos de carregamento lentos podem levar a um aumento na taxa de rejeição, uma diminuição nas conversões e frustração entre os visitantes. Otimize a velocidade de carregamento do seu site comprimindo imagens, utilizando o armazenamento em cache, minimizando scripts e escolhendo um alojamento de alto desempenho. Certifique-se de que a sua loja Shopify carrega rapidamente em todos os dispositivos, incluindo dispositivos móveis, para oferecer uma experiência fluida aos visitantes.

b. Otimização do design e da navegação

Um design atraente e uma navegação intuitiva são essenciais para oferecer uma experiência do utilizador ótima. Certifique-se de que a sua loja Shopify tem um design claro e atraente, com imagens de alta qualidade e uma escolha de cores coerente. Organize os seus produtos em categorias claras e ofereça uma navegação fluida com menus bem estruturados. Garanta que os visitantes possam encontrar facilmente as informações de que necessitam e aceder aos produtos que lhes interessam. Uma navegação simples e intuitiva manterá os visitantes no seu site por mais tempo e ajudá-los-á a encontrar rapidamente o que procuram.

c. Utilização de testes A/B para a otimização de páginas

Os testes A/B são um método eficaz para otimizar as suas páginas e melhorar as conversões. Este método envolve a comparação de diferentes versões da mesma página, variando um elemento de cada vez, como o título, as imagens, os botões de chamada à ação, as cores, etc. Ao realizar testes A/B, pode determinar quais as alterações que geram uma melhoria significativa no desempenho. Teste diferentes variantes, analise os resultados e utilize as conclusões para otimizar as suas páginas e maximizar as conversões. Os testes A/B permitem-lhe adotar uma abordagem baseada em dados para tomar decisões informadas sobre a experiência do utilizador.

Ao implementar estas estratégias de otimização da experiência do utilizador, criará um ambiente amigável e atraente para os seus visitantes, promovendo as conversões e a retenção de clientes. Não se esqueça de monitorizar regularmente as métricas relacionadas com a experiência do utilizador, como a taxa de rejeição, o tempo de permanência no site e as taxas de conversão, para identificar áreas onde podem ser feitas melhorias adicionais.

6. Análise do desempenho de marketing

A análise do desempenho dos seus esforços de marketing é essencial para alocar eficazmente os seus recursos e maximizar os resultados da sua loja Shopify. Aqui estão alguns pontos importantes a considerar durante esta análise:

a. Avaliação das campanhas publicitárias

Analisar os resultados das suas campanhas publicitárias é crucial para determinar a sua eficácia e otimizar a sua estratégia de marketing. Analise indicadores-chave como a taxa de cliques, o custo por clique, a taxa de conversão e o retorno sobre o investimento (ROI) de cada campanha. Identifique as campanhas que geram o melhor ROI e ajuste os seus orçamentos e estratégias em conformidade. Concentre os seus recursos nos canais publicitários mais eficazes e otimize as suas mensagens e segmentação para obter os melhores resultados.

b. Acompanhamento do retorno sobre o investimento (ROI)

Medir o retorno sobre o investimento (ROI) das suas várias iniciativas de marketing é essencial para avaliar a sua eficácia financeira. Calcule o ROI comparando as receitas geradas pelas suas atividades de marketing com os custos associados. Isso ajudá-lo-á a determinar as iniciativas mais rentáveis e a tomar decisões informadas sobre a distribuição do seu orçamento de marketing. Identifique os canais, campanhas ou ações que oferecem o melhor ROI e aloque os seus recursos de acordo para maximizar o seu retorno.

c. Utilização do marketing de influência para aumentar as vendas

O marketing de influência pode ser uma forma eficaz de aumentar as vendas e amplificar a sua visibilidade. Analise o desempenho das suas colaborações com influenciadores para avaliar o seu impacto na sua loja Shopify. Acompanhe indicadores como a taxa de conversão, o número de vendas geradas, o envolvimento dos utilizadores e a notoriedade da sua marca. Identifique os influenciadores que geram os melhores resultados e avalie a rentabilidade dessas parcerias. Adapte a sua estratégia de marketing de influência com base nos resultados obtidos para maximizar o seu impacto no seu público-alvo.

Ao analisar regularmente o desempenho dos seus esforços de marketing, será capaz de otimizar as suas campanhas, investir os seus recursos de forma eficaz e maximizar os resultados da sua loja Shopify. Utilize dados e análises para tomar decisões informadas, ajustar a sua estratégia de marketing e aumentar a rentabilidade das suas atividades promocionais.

◆ ◆ ◆

7.   Utilização de dados para tomada de decisões estratégicas

Os dados recolhidos na sua loja Shopify fornecem informações valiosas que o ajudam a tomar decisões estratégicas informadas. Eis alguns exemplos concretos de como utilizar os dados para orientar as suas decisões:

a. Utilização de dados para ajustar preços

A análise de dados de vendas e margens de lucro permite-lhe avaliar a adequação dos seus preços. Identifique os produtos que vendem bem com uma margem de lucro elevada, bem como aqueles que podem beneficiar de ajustes de preços para impulsionar as vendas. Ao observar as tendências de vendas, pode determinar se alguns produtos estão sobrevalorizados ou subvalorizados em relação à procura do mercado. Utilize esta informação para efetuar os ajustes de preços adequados e otimizar a rentabilidade da sua loja Shopify.

b. Identificação de oportunidades de crescimento

A análise de dados de vendas e tendências de mercado permite-lhe identificar novas oportunidades de crescimento para a sua loja. Estude os segmentos de mercado emergentes, as necessidades não satisfeitas dos consumidores ou as tendências emergentes para encontrar novas perspetivas para expandir o seu negócio. Explore a possibilidade de direcionar novos segmentos de clientes, desenvolver novos produtos ou serviços, ou considerar parcerias estratégicas que o ajudem a impulsionar o crescimento da sua loja Shopify. Utilize os dados para avaliar o potencial destas oportunidades e tome decisões informadas para maximizar o seu crescimento.

c.   Acompanhamento de tendências de mercado

A monitorização das tendências no dropshipping e comércio eletrónico é crucial para se manter competitivo no mercado. Utilize dados e análises para seguir as mudanças no comportamento dos consumidores, novas tecnologias, tendências de design, inovações de produtos, etc. Ao compreender estas tendências, pode adaptar a sua estratégia de marketing, oferta de produtos e canais de venda para satisfazer as necessidades em constante mudança do mercado. Mantenha-se atento a novas oportunidades e evoluções no mercado através de análises contínuas de dados.

Ao utilizar os dados de forma estratégica, poderá tomar decisões informadas e reativas para melhorar o desempenho da sua loja Shopify e aproveitar as oportunidades que surjam. Certifique-se de recolher e analisar regularmente os dados relevantes para orientar as suas decisões estratégicas e maximizar o sucesso da sua loja.

◆ ◆ ◆

8.   Conclusão

Neste capítulo sobre a análise e otimização do desempenho da sua loja Shopify, explorámos várias estratégias e ferramentas para o ajudar a avaliar e melhorar o desempenho da sua loja de dropshipping. Ao compreender os dados-chave e tomar decisões baseadas em informações precisas, poderá maximizar as suas chances de sucesso.

Começámos por destacar a importância da recolha de dados relevantes, com foco na utilização do Google Analytics para rastrear o comportamento dos visitantes, monitorizar indicadores-chave de desempenho (KPI) e estabelecer objetivos de conversão.

Em seguida, examinámos a análise do tráfego e do comportamento dos visitantes, com ênfase na importância da compreensão das fontes de tráfego, análise do comportamento dos visitantes no seu site e utilização de funis de conversão para melhorar as taxas de conversão.

Explorámos também a avaliação do desempenho dos produtos, destacando a importância da análise das vendas e do volume de negócios por produto, identificação dos produtos mais rentáveis e gestão dos produtos com baixo desempenho.

Depois, abordámos a otimização da experiência do utilizador, com destaque para a importância da melhoria da velocidade de carregamento do site, otimização do design e da navegação, bem como a utilização de testes A/B para a otimização das páginas.

Também enfatizámos a importância da análise do desempenho do marketing, com foco na avaliação das campanhas publicitárias, acompanhamento do retorno sobre o investimento (ROI) e utilização do marketing de influência para aumentar as vendas.

Por   fim,   explorámos   a   utilização   de   dados   para tomada de decisões estratégicas, destacando o ajuste de preços, identificação de oportunidades de crescimento e acompanhamento das tendências de mercado.

Ao implementar as estratégias e ferramentas apresentadas neste capítulo, será capaz de analisar e otimizar o desempenho da sua loja Shopify de forma direcionada, o que o ajudará a maximizar as vendas, rentabilidade e sucesso geral.

CAPÍTULO 19: COMO GERIR O CRESCIMENTO E OS DESAFIOS DA GESTÃO DE UMA LOJA SHOPIFY

1. Gestão de inventário e fornecedores

A gestão de inventário é um desafio importante para qualquer empresa de comércio eletrónico, e ainda mais para um negócio de dropshipping. No modelo de dropshipping, você não possui fisicamente os produtos que vende, o que significa que precisa confiar nos seus fornecedores para gerir o inventário. Isso pode apresentar vários desafios.

Em primeiro lugar, é preciso garantir que os seus fornecedores tenham stock suficiente para atender à procura. Se um cliente fizer uma encomenda de um produto que está esgotado no seu fornecedor, isso pode resultar em atrasos na entrega e numa má experiência para o cliente. Para evitar isso, é crucial comunicar regularmente com os seus fornecedores e compreender a capacidade deles para gerir o inventário.

Em segundo lugar, é necessário ser capaz de acompanhar os níveis de stock dos seus fornecedores em tempo real. Isso pode ser complicado se estiver a trabalhar com vários fornecedores ou se os seus fornecedores não tiverem um sistema eficaz de gestão de inventário. Felizmente, a Shopify oferece ferramentas de gestão de inventário integradas que podem ajudá-lo a acompanhar os níveis de stock dos seus fornecedores. Essas ferramentas podem alertá-lo quando os níveis de stock estiverem baixos, permitindo-lhe tomar medidas para evitar rupturas de stock.

Por último, é preciso ser capaz de gerir devoluções e reembolsos de forma eficaz. No modelo de dropshipping, as devoluções podem ser complicadas, pois é necessário coordenar com o fornecedor para recuperar o produto e processar o reembolso. Novamente, a Shopify oferece ferramentas que podem ajudar a gerir esse processo.

Em resumo, a gestão de inventário e fornecedores é um aspecto crucial da gestão de uma loja Shopify de dropshipping. Ao utilizar as ferramentas adequadas e comunicar eficazmente com os seus fornecedores, pode minimizar problemas e garantir uma experiência positiva para o cliente.

◆ ◆ ◆

2. Manutenção da qualidade do serviço ao cliente

À medida que o seu negócio cresce, manter um elevado nível de serviço ao cliente pode tornar-se um desafio. O rápido crescimento pode resultar num aumento no volume de pedidos de serviço ao cliente, o que pode exceder a capacidade da sua equipa de responder de forma eficaz e atempada. No entanto, é crucial manter um serviço ao cliente de alta qualidade, pois isso pode ter um impacto significativo na satisfação e fidelidade dos clientes.

Em primeiro lugar, certifique-se de ter uma equipa dedicada para responder a perguntas e resolver problemas dos clientes. Esta equipa deve ser bem treinada e compreender profundamente os seus produtos, políticas e processos. Devem também ser capazes de comunicar eficazmente com os clientes e resolver problemas de forma rápida e satisfatória.

Em segundo lugar, invista em ferramentas e tecnologias que possam ajudar a sua equipa de serviço ao cliente a ser mais eficiente. Por exemplo, um sistema de gestão de relacionamento com o cliente (CRM) pode ajudar a sua equipa a rastrear as interações com os clientes e gerir pedidos de serviço ao cliente de forma organizada. Os chatbots são outra ferramenta que pode ser muito útil. Podem ser programados para responder automaticamente a perguntas frequentes, libertando assim a sua equipa para se concentrar em problemas mais complexos. Os chatbots também podem estar disponíveis 24 horas por dia, 7 dias por semana, o que pode melhorar a satisfação dos clientes ao permitir que obtenham respostas às suas perguntas a qualquer momento.

Por fim, é importante recolher regularmente feedback dos clientes sobre a qualidade do seu serviço ao cliente. Isso pode ajudá-lo a identificar áreas de melhoria e tomar medidas para melhorar o seu serviço. Pode recolher feedback através de inquéritos, comentários nas redes sociais ou conversas diretas com os clientes.

Em resumo, manter um serviço ao cliente de alta qualidade à medida que o seu negócio cresce pode ser um desafio, mas com uma equipa dedicada, as ferramentas certas e um foco constante na melhoria, pode continuar a oferecer um excelente serviço aos seus clientes.

3. Gestão de devoluções
e reembolsos

D evoluções e reembolsos são uma realidade inevitável do comércio eletrónico. Podem ser uma fonte de frustração para os clientes e de stress para as empresas. No entanto, uma gestão eficaz das devoluções e reembolsos pode transformar esses desafios em oportunidades para melhorar a satisfação dos clientes e reforçar a fidelidade à marca.

Em primeiro lugar, é crucial estabelecer uma política de devolução clara e justa. Esta política deve ser facilmente acessível e compreensível para os clientes. Deve especificar as condições em que um produto pode ser devolvido, o processo de devolução e o tipo de reembolso que o cliente pode esperar (por exemplo, um reembolso total, um crédito na loja, etc.). Uma política de devolução justa não só pode ajudar a resolver problemas de forma eficaz, mas também a construir confiança entre si e os seus clientes.

Em segundo lugar, certifique-se de que a sua equipa de serviço ao cliente está bem treinada para lidar com devoluções e reembolsos. Devem compreender a sua política de devolução em profundidade e ser capazes de comunicá-la claramente aos clientes. Devem também ser capazes de gerir situações difíceis com tato e profissionalismo, mantendo sempre em mente o objetivo final de satisfazer o cliente.

Em terceiro lugar, considere investir em ferramentas ou software que possam ajudar a automatizar e simplificar o processo de devolução. Por exemplo, algumas ferramentas podem gerar automaticamente etiquetas de devolução para os clientes, facilitando o processo para eles e para si.

Por fim, utilize devoluções e reembolsos como uma oportunidade para aprender e melhorar. Analise as razões das devoluções para identificar potenciais problemas com os seus produtos ou processo de encomenda. Utilize essas informações para fazer melhorias que possam reduzir o número de devoluções no futuro.

Em resumo, embora a gestão de devoluções e reembolsos possa ser um desafio, uma abordagem proativa centrada no cliente pode ajudar a transformar este desafio numa oportunidade para melhorar o seu negócio.

◆ ◆ ◆

4.   *Otimização da conversão e aumento do valor médio das encomendas*

À medida que o tráfego para o seu site aumenta, a otimização da sua taxa de conversão torna-se cada vez mais importante. Uma taxa de conversão mais alta significa que está a aproveitar ao máximo o tráfego que gera, o que pode levar a um aumento significativo nas vendas e receitas. A otimização da conversão começa por compreender os seus clientes e o seu percurso no seu site. Utilize ferramentas de análise para acompanhar o comportamento dos utilizadores no seu site e identificar os pontos de atrito que podem estar a impedir a conversão. Por exemplo, um processo de pagamento complicado ou informações insuficientes sobre o produto podem dissuadir os clientes de efetuarem uma compra.

Uma vez identificados os pontos de atrito, teste diferentes elementos do seu site para ver o que funciona melhor. Isso pode incluir calls to action, imagens de produtos, descrições de produtos, layout da página e muito mais. Os testes A/B podem ser uma forma eficaz de determinar quais as mudanças que conduzem a um aumento na taxa de conversão.

Além da otimização da conversão, deve também procurar aumentar o valor médio das encomendas. Isso significa incentivar os clientes a gastar mais em cada compra. Existem várias técnicas para isso, como upselling e cross-selling. Upselling incentiva os clientes a comprar uma versão mais cara ou premium de um produto, enquanto cross-selling incentiva os clientes a comprar produtos complementares. Por exemplo, se vender computadores, um upsell poderia ser incentivar os clientes a comprar um modelo com mais memória ou um processador mais rápido. Um cross-sell poderia ser incentivar os clientes a comprar um rato ou uma bolsa de computador além da compra do computador.

Em resumo, a otimização da conversão e o aumento do valor médio das encomendas são duas estratégias-chave para maximizar as receitas da sua loja Shopify. Ao compreender os seus clientes, testar diferentes elementos do seu site e incentivar os clientes a gastar mais, pode aumentar as suas vendas e receitas.

◆ ◆ ◆

5.   Análise e otimização de desempenho

A análise e otimização de desempenho são elementos essenciais na gestão e crescimento de uma loja Shopify. Ao compreender como os utilizadores interagem com a sua loja e identificar áreas de melhoria, pode fazer alterações que aumentam o envolvimento, melhoram a experiência do utilizador e, por fim, aumentam as vendas.

Uma das ferramentas mais poderosas à sua disposição para análise de desempenho é o Google Analytics. Esta ferramenta gratuita permite-lhe rastrear uma variedade de métricas, incluindo o número de visitantes no seu site, a taxa de rejeição, o tempo gasto no site, a taxa de conversão e muito mais. Pode também ver de onde vêm os seus visitantes, que páginas visitam e que caminho seguem para efetuarem uma compra.

Esta informação pode ajudá-lo a identificar áreas onde pode melhorar. Por exemplo, uma taxa de rejeição elevada pode indicar que os visitantes não encontram o que procuram no seu site, ou que acham o site difícil de navegar. Nesse caso, pode considerar rever o layout do seu site ou melhorar a clareza das informações sobre os produtos.

Da mesma forma, se verificar que os visitantes passam muito pouco tempo no seu site, isso pode indicar falta de envolvimento. Pode considerar a adição de mais conteúdo interativo, como vídeos de produtos ou avaliações de clientes, para incentivar os visitantes a passarem mais tempo no seu site.

Além do Google Analytics, a Shopify também oferece as suas próprias ferramentas de análise integradas. Estas ferramentas podem ajudá-lo a acompanhar as vendas, as encomendas e as tendências dos visitantes diretamente a partir do seu painel de controlo Shopify.

Em resumo, a análise e otimização de desempenho são processos contínuos que podem ajudá-lo a compreender os seus clientes, melhorar a sua loja e aumentar as vendas. Ao utilizar ferramentas de análise e fazer ajustes com base nos seus resultados, pode continuar a melhorar e expandir a sua loja Shopify.

◆ ◆ ◆

6.   Gestão do crescimento internacional

O crescimento internacional pode ser uma etapa emocionante para qualquer empresa de comércio eletrónico. No entanto, também apresenta muitos desafios únicos que requerem planeamento e preparação cuidadosos.

Um dos primeiros desafios é a tradução do seu site. Não se trata apenas de traduzir o texto do seu site para outra língua, mas também de garantir que o tom, estilo e contexto cultural sejam apropriados para o público-alvo. Pode ser útil trabalhar com tradutores profissionais ou falantes nativos para garantir que o seu conteúdo seja bem recebido pelos clientes internacionais.

Além da tradução, é importante compreender as diferenças culturais que podem afetar a forma como os clientes internacionais percebem e interagem com a sua loja. Por exemplo, preferências de design, hábitos de compra e expectativas de atendimento ao cliente podem variar significativamente de país para país. Fazer pesquisa de mercado e adaptar a sua loja em conformidade pode ajudar a aumentar o envolvimento e as vendas.

O cumprimento das leis e regulamentos locais é outro grande desafio da expansão internacional. Isso pode incluir leis de proteção do consumidor, regulamentos de privacidade de dados, requisitos de rotulagem de produtos e muito mais. É crucial compreender estas leis e garantir que a sua loja esteja em conformidade para evitar multas ou litígios legais.

Por fim, é importante considerar os aspectos logísticos da expansão internacional. Isso pode incluir a gestão de envios internacionais, a gestão das taxas de câmbio e a implementação de sistemas de pagamento que aceitem moedas estrangeiras.

Em resumo, a gestão do crescimento internacional é um processo complexo que requer planeamento e pesquisa aprofundada. No entanto, com a estratégia certa e as ferramentas certas, pode superar esses desafios e abrir a sua loja Shopify a um público global muito maior.

◆ ◆ ◆

7. Conclusão

A gestão do crescimento de uma loja Shopify é um processo complexo que envolve muitos desafios. Seja a gestão de inventário e fornecedores, a manutenção da qualidade do serviço ao cliente, a gestão de devoluções e reembolsos, a otimização da conversão e o aumento do valor médio das encomendas, a análise e otimização de desempenho, ou a gestão do crescimento internacional, cada aspeto requer atenção cuidadosa e uma estratégia bem pensada.

No entanto, esses desafios não devem ser vistos como obstáculos insuperáveis, mas sim como oportunidades de aprendizado e crescimento. Com as estratégias certas, as ferramentas adequadas e uma abordagem proativa, pode superá-los e continuar a expandir o seu negócio.

É importante notar que o sucesso de uma loja Shopify não se mede apenas em termos de vendas ou receitas, mas também em termos de satisfação do cliente, fidelidade à marca e reputação no mercado. Mantendo esses fatores em mente e esforçando-se constantemente para melhorar, pode não apenas gerir o crescimento da sua loja Shopify, mas também conduzi-la a um sucesso duradouro.

CAPÍTULO 20: COMO MANTER-SE ATUALIZADO COM AS TENDÊNCIAS DO DROPSHIPPING

O dropshipping é uma área em constante evolução, caracterizada por uma dinâmica rápida e mudanças constantes. Nesse contexto, a capacidade de se manter atualizado com as últimas tendências não é apenas benéfica, mas essencial para manter a competitividade de sua loja Shopify. As tendências do mercado, seja de novos produtos populares, mudanças nas preferências dos consumidores ou novas estratégias de marketing, podem mudar rapidamente e de forma imprevisível. O que é popular e lucrativo hoje pode não ser amanhã, e vice-versa. Portanto, uma vigilância constante do mercado é necessária para se manter à frente e não ficar para trás em relação aos concorrentes.

No entanto, seguir as tendências não significa apenas estar ciente do que está acontecendo atualmente na indústria. Também envolve antecipar mudanças futuras e adaptar sua estratégia de acordo. Isso pode envolver a adição de novos produtos à sua loja, a alteração de sua estratégia de marketing ou até mesmo a reformulação de seu site para refletir as últimas tendências e preferências dos consumidores.

Em última análise, manter-se atualizado com as tendências do dropshipping é uma tarefa complexa que requer vigilância constante, análise aprofundada e capacidade de adaptação rápida. No entanto, aqueles que conseguem fazê-lo estarão bem posicionados para aproveitar as oportunidades que surgem e garantir o sucesso e o crescimento a longo prazo de sua loja Shopify.

◆ ◆ ◆

1. Compreender a importância das tendências

As tendências do dropshipping desempenham um papel crucial na determinação do sucesso de seu negócio. Elas podem influenciar muitos aspectos de sua atividade, desde a seleção de produtos até a estratégia de marketing, passando pela escolha de fornecedores e pelo design de seu site. Por exemplo, se uma categoria específica de produtos se tornar popular, pode ser sensato considerar a adição dela à sua loja. Isso não só pode aumentar suas vendas, mas também atrair um novo segmento de clientes para sua loja. Além disso, a adição de produtos populares pode melhorar a visibilidade de sua loja nos mecanismos de busca, o que pode levar a um aumento no tráfego e nas vendas.

Da mesma forma, se uma nova plataforma de mídia social estiver ganhando popularidade, você pode considerar usá-la em sua estratégia de marketing. As redes sociais são excelentes ferramentas para alcançar e envolver seu público-alvo. Ao usar uma plataforma popular, você pode aumentar o alcance de seu marketing, melhorar o envolvimento dos clientes e, finalmente, aumentar as vendas.

No entanto, é importante notar que seguir as tendências não significa necessariamente adotar todas elas. Algumas tendências podem não ser relevantes para o seu negócio ou público-alvo. Portanto, é crucial avaliar cada tendência com base em seu potencial de impacto em seu negócio antes de decidir adotá-la.

Em última análise, compreender a importância das tendências e saber como usá-las a seu favor pode ajudá-lo a permanecer competitivo no cenário dinâmico do dropshipping.

◆ ◆ ◆

2.   Acompanhar as tendências de mercado

No mundo em constante mudança do dropshipping, acompanhar as tendências de mercado é uma necessidade absoluta. Felizmente, existem muitas maneiras de fazer isso, graças a uma variedade de ferramentas e recursos disponíveis.

Uma das maneiras mais eficazes de acompanhar as tendências é usar ferramentas de pesquisa de mercado, como o Google Trends. Essa ferramenta permite ver as tendências de pesquisa para diferentes produtos e categorias, dando-lhe uma ideia clara do que os consumidores estão buscando atualmente. Você pode usar essas informações para antecipar a demanda e adicionar produtos relevantes à sua loja.

Além do Google Trends, existem outras ferramentas de pesquisa de mercado que podem ajudá-lo a acompanhar as tendências. Por exemplo, ferramentas como SEMRush e Ahrefs podem fornecer informações sobre palavras-chave populares e tópicos em tendência em sua área.

Além disso, acompanhar blogs, fóruns e sites de notícias do setor pode ajudá-lo a se manter atualizado com as últimas notícias e tendências. Essas fontes podem fornecer informações valiosas sobre mudanças na indústria, novas tecnologias e estratégias de marketing eficazes.

Por fim, as mídias sociais são outra ótima maneira de acompanhar as tendências. Seguindo influenciadores relevantes, ingressando em grupos do setor e monitorando hashtags populares, você pode obter insights em tempo real sobre o que está em alta.

É importante notar que acompanhar as tendências de mercado requer um esforço constante. As tendências podem mudar rapidamente, e o que é popular hoje pode não ser amanhã. Portanto, é crucial dedicar tempo todos os dias para monitorar o mercado e ajustar sua estratégia de acordo.

◆ ◆ ◆

3. Analisar as tendências do dropshipping

A análise das tendências do dropshipping é uma etapa crucial que vai além da simples observação das movimentações do mercado. Isso envolve uma avaliação aprofundada e interpretação dos dados para tomar decisões informadas que podem ter um impacto significativo em seu negócio.

Ao analisar as tendências, é importante levar em consideração uma variedade de fatores. Por exemplo, um aumento na popularidade de produtos de saúde e bem-estar pode indicar uma crescente conscientização sobre a importância da saúde e do bem-estar entre os consumidores.

Isso pode ser uma oportunidade para você adicionar produtos semelhantes à sua loja, atendendo à demanda crescente e atraindo um novo segmento de clientes. No entanto, não basta simplesmente adicionar produtos populares à sua loja. É importante também entender por que esses produtos são populares e como eles se encaixam no contexto mais amplo do mercado. Por exemplo, se esses produtos são populares devido a uma tendência de curto prazo, eles podem não ser uma boa opção a longo prazo.

Da mesma forma, se você notar uma queda na popularidade de produtos eletrônicos, isso pode indicar uma mudança nas preferências dos consumidores ou uma saturação do mercado. Nesse caso, você pode considerar a redução do estoque desses produtos ou procurar maneiras de diferenciá-los dos concorrentes.

A análise das tendências do dropshipping também pode envolver a análise de dados de vendas, feedback dos clientes e desempenho de produtos semelhantes em diferentes plataformas. Ao combinar essas informações, você pode obter uma imagem mais completa das tendências do mercado e tomar decisões mais informadas para o seu negócio.

Em última análise, a análise das tendências do dropshipping é uma habilidade essencial para qualquer empreendedor de dropshipping. Ao entender as tendências do mercado e adaptar sua estratégia de acordo, você pode permanecer competitivo e garantir o crescimento a longo prazo de seu negócio.

4. Adaptar sua estratégia às tendências

Uma vez que você tenha identificado e analisado as tendências do dropshipping, a próxima etapa é adaptar sua estratégia de acordo. Essa adaptação é um processo dinâmico que requer reflexão estratégica e implementação eficaz.

A adição de novos produtos à sua loja é uma das maneiras mais diretas de adaptar sua estratégia. Se você identificou uma tendência crescente para certos tipos de produtos, adicionar esses produtos à sua loja pode ajudá-lo a aproveitar essa tendência e aumentar suas vendas. No entanto, é importante ter discernimento ao adicionar novos produtos. Certifique-se de que esses produtos estejam alinhados com sua marca e seu público-alvo, e que sejam de alta qualidade.

A modificação de sua estratégia de marketing é outra forma de adaptar sua estratégia às tendências. Por exemplo, se você perceber que seu público-alvo está cada vez mais usando uma determinada plataforma de mídia social, pode ajustar sua estratégia de marketing para incluir essa plataforma. Da mesma forma, se uma determinada técnica de marketing se tornar mais eficaz em sua indústria, como o marketing de influência ou o marketing de conteúdo, você pode incorporar essa técnica em sua estratégia de marketing.

Por fim, a modificação de seu site para refletir as últimas tendências também pode ser uma estratégia eficaz. Isso pode envolver a atualização do design de seu site para acompanhar as tendências de design da web, a adição de novos recursos que se tornaram populares ou até mesmo a reformulação de seu site para atender melhor às expectativas de seus clientes.

É importante notar que a adaptação de sua estratégia às tendências deve ser um processo pensado. Não se trata apenas de seguir todas as novas tendências, mas de escolher aquelas que fazem mais sentido para seu negócio e podem ajudá-lo a alcançar seus objetivos a longo prazo. Ao permanecer flexível e disposto a se adaptar, você pode navegar com sucesso no cenário em constante mudança do dropshipping.

5.   Exemplos de tendências do dropshipping

Para ilustrar como acompanhar e analisar as tendências do dropshipping, vamos examinar alguns exemplos de tendências recentes que tiveram um impacto significativo no mercado.

a.   Produtos de saúde e bem-estar

A pandemia de COVID-19 levou a um aumento significativo na demanda por produtos de saúde e bem-estar. Os consumidores estão mais conscientes da importância de manter uma boa saúde e bem-estar geral, o que levou a um aumento na demanda por tudo, desde suplementos alimentares até equipamentos de fitness em casa. Produtos que apoiam o bem-estar mental, como kits de meditação ou produtos de relaxamento, também viram um aumento na demanda. Ao analisar essa tendência, você pode considerar a adição de uma linha de produtos de saúde e bem-estar à sua loja para atender a essa crescente demanda.

b.   Produtos sustentáveis

Há uma tendência crescente em direção a produtos sustentáveis e ecologicamente corretos. Os consumidores estão cada vez mais conscientes do impacto ambiental de suas compras e procuram apoiar empresas que compartilham seus valores ecológicos. Isso inclui tudo, desde produtos de beleza naturais até produtos de limpeza doméstica e roupas feitas de materiais reciclados. Ao seguir essa tendência, você pode considerar a oferta de uma linha de produtos sustentáveis em sua loja para atrair consumidores conscientes do meio ambiente.

c. Produtos para animais de estimação

Produtos para animais de estimação sempre foram populares, e essa tendência deve continuar no futuro. Com o aumento do número de pessoas que possuem animais de estimação, a demanda por brinquedos para animais de estimação, produtos de saúde para animais de estimação e muito mais aumentou. Além disso, com a humanização de animais de estimação, os proprietários estão buscando produtos de alta qualidade e personalizados para seus animais de estimação. Ao seguir essa tendência, você pode considerar a adição de uma linha de produtos para animais de estimação à sua loja para atender a essa crescente demanda.

Esses exemplos ilustram como as tendências do dropshipping podem variar amplamente, abrangendo diferentes produtos, categorias e comportamentos do consumidor. Ao seguir e analisar essas tendências, você pode adaptar sua estratégia de dropshipping para aproveitar essas oportunidades de mercado.

6.   Conclusão

Manter-se atualizado com as tendências do dropshipping não é apenas uma recomendação, é uma necessidade imperativa para o sucesso de sua loja Shopify. O cenário do comércio eletrônico está em constante evolução, com novas tendências, tecnologias e comportamentos do consumidor emergindo constantemente. Para permanecer competitivo, você deve ser capaz de navegar neste cenário dinâmico e adaptar seu negócio de acordo.

Acompanhar e analisar regularmente as tendências de mercado é uma parte essencial dessa adaptação. Isso permite que você entenda o que os consumidores desejam, como seus comportamentos estão mudando e quais produtos ou serviços estão atualmente em demanda. Com essas informações, você pode tomar decisões informadas sobre os produtos a serem estocados, as estratégias de marketing a serem usadas e como apresentar sua loja para atrair e reter clientes.

No entanto, manter-se atualizado com as tendências do dropshipping não significa simplesmente reagir a cada nova tendência que surge. Também se trata de distinguir as tendências passageiras das mudanças duradouras e fazer escolhas estratégicas que sustentem o crescimento a longo prazo de seu negócio. Isso pode significar ignorar algumas tendências, mesmo que sejam populares, se elas não se alinharem com sua marca ou seu público-alvo.

Em última análise, manter-se atualizado com as tendências do dropshipping é um processo contínuo que requer vigilância constante, análise aprofundada e disposição para experimentar e inovar. Ao fazê-lo, você pode garantir que sua loja Shopify permaneça competitiva, relevante e atraente para os clientes, hoje e no futuro.

CAPÍTULO 21: CONCLUSÃO; COMO TER SUCESSO COM UMA LOJA DE DROPSHIPPING SHOPIFY

Parabéns! Você chegou ao fim deste percurso de aprendizado dedicado ao dropshipping com o Shopify. Ao longo dos capítulos, exploramos juntos as múltiplas facetas deste tipo de comércio eletrônico, desde a criação da sua loja online até a otimização da sua estratégia de marketing, passando pela seleção de produtos e pela gestão do atendimento ao cliente.

Hoje, estamos prontos para concluir esta jornada. Mas antes de virar a última página, vamos reservar um momento para refletir sobre tudo o que conquistamos. Cada capítulo deste curso foi projetado para fornecer as ferramentas e o conhecimento necessários para construir e gerenciar um próspero negócio de dropshipping. Você aprendeu como navegar no ecossistema do Shopify, como escolher os produtos e fornecedores certos, como otimizar sua loja para SEO e muito mais.

Este capítulo final tem como objetivo consolidar todo esse conhecimento adquirido. Trata-se de fazer a ligação entre os diferentes elementos que abordamos e mostrar como eles se encaixam em uma visão global de sucesso. Vamos revisitar alguns dos conceitos-chave, compartilhar histórias de sucesso inspiradoras e oferecer conselhos práticos sobre como aplicar o que você aprendeu em seu próprio negócio de dropshipping.

Mas, mais do que tudo, este capítulo está aqui para lembrá-lo de que o dropshipping não se trata apenas de vender produtos online. É sobre fornecer valor aos seus clientes, construir uma marca forte e criar um negócio sustentável. Com as estratégias certas e muita determinação, você tem tudo o que precisa para ter sucesso em seu negócio de dropshipping. Então, está pronto para dar este último passo? Vamos em frente!

◆ ◆ ◆

1. Histórias de Sucesso

O mundo do dropshipping está repleto de histórias de sucesso que podem servir como fonte de inspiração e motivação. Esses empreendedores começaram como você, com uma ideia e a determinação de ter sucesso. Suas jornadas ilustram perfeitamente como os conceitos e estratégias que discutimos ao longo deste curso podem ser colocados em prática para criar um negócio de dropshipping próspero.

Considere, por exemplo, a história de Irwin Dominguez, um empreendedor baseado na Califórnia. Sem nenhuma experiência anterior em comércio eletrônico, Irwin conseguiu gerar mais de um milhão de dólares em receita em apenas oito meses após lançar seu negócio de dropshipping. Como ele conseguiu esse feito? Aplicando os princípios básicos do dropshipping que discutimos: encontrar um nicho lucrativo, selecionar os produtos certos, criar uma loja online atraente e implementar uma estratégia de marketing eficaz.

Mas Irwin não está sozinho em alcançar tal sucesso. Há também a história de Tim Kock, que criou uma loja de dropshipping que gerou $6.667 em apenas 8 semanas. Tim adotou uma abordagem diferente, concentrando-se na criação de uma marca forte e usando o marketing de influência para atrair clientes.

E há a história de Sarah, uma mãe solteira que transformou uma pequena loja de dropshipping em um negócio próspero que agora lhe permite viver confortavelmente e sustentar sua família. Sarah enfatizou o excelente atendimento ao cliente e a qualidade dos produtos para se destacar da concorrência.

Essas histórias de sucesso mostram que não há uma única "maneira certa" de ter sucesso no dropshipping. Cada empreendedor usou uma combinação única de estratégias e táticas para alcançar seus objetivos. O que importa é entender os princípios básicos do dropshipping, conhecer seu mercado e seus clientes, e estar disposto a trabalhar duro e aprender com seus erros. Com esses elementos em prática, você tem todas as chances de se juntar às fileiras desses empreendedores de sucesso.

2.   Elementos Chave para Dominar o Sucesso

a. Adicionar Valor

No mundo competitivo do dropshipping, simplesmente vender produtos não é suficiente para se destacar e construir um negócio próspero. É essencial adicionar valor aos seus clientes além da transação básica.

Isso pode ser feito de várias maneiras. Em primeiro lugar, fornecendo informações de qualidade. Isso pode se manifestar na forma de descrições de produtos detalhadas e informativas, blogs ou artigos sobre tópicos relevantes para o seu nicho, ou guias e tutoriais que ajudem seus clientes a tirar o máximo proveito de suas compras. Por exemplo, se você vende equipamentos de fitness, pode criar guias de treinamento, vídeos demonstrativos de exercícios ou artigos sobre nutrição e bem-estar. Esses conteúdos agregam valor ao ajudar seus clientes a alcançar seus objetivos e fortalecer sua confiança em sua marca.

Em segundo lugar, você pode adicionar valor resolvendo os problemas de seus clientes. Isso pode envolver responder de forma rápida e eficaz às perguntas e preocupações dos clientes, fornecer assistência para problemas de entrega ou de produtos, ou oferecer soluções inovadoras para atender às necessidades específicas de seus clientes. Por exemplo, se você vende produtos eletrônicos, pode oferecer um serviço de suporte técnico ou guias de solução de problemas para ajudar seus clientes a resolver problemas comuns.

Por fim, você pode adicionar valor oferecendo produtos exclusivos que atendam às necessidades específicas de seus clientes. Isso pode envolver a escolha de produtos de nicho não facilmente disponíveis em outros lugares, a criação de seus próprios produtos ou designs exclusivos, ou a personalização de seus produtos de acordo com as preferências de seus clientes. Por exemplo, se você vende joias, pode oferecer opções de personalização, como gravação de nomes ou mensagens especiais.

Resumindo, adicionar valor aos seus clientes significa ir além da simples venda de produtos. Envolve a criação de uma experiência de compra positiva, atender às necessidades e desejos de seus clientes e construir um relacionamento de longo prazo que incentive a fidelidade e compras repetidas.

b. Marketing e SEO

O tráfego é o elemento vital de qualquer negócio de comércio eletrônico. Sem visitantes para navegar pelos seus produtos e fazer compras, sua loja online simplesmente não pode prosperar. Portanto, é essencial dominar diferentes estratégias de marketing e compreender o papel do SEO (Search Engine Optimization) para atrair visitantes para sua loja.

O marketing para sua loja de dropshipping pode assumir muitas formas. Isso pode incluir marketing em redes sociais, onde você utiliza plataformas como Facebook, Instagram e Pinterest para alcançar seu público-alvo e incentivá-los a visitar sua loja. Isso também pode incluir o marketing por e-mail, onde você constrói uma lista de assinantes e envia regularmente atualizações sobre novos produtos, promoções e outras notícias de sua loja.

O marketing de influência é outra estratégia poderosa, onde você colabora com influenciadores em seu nicho para promover seus produtos para sua audiência. E, é claro, existe a publicidade paga, onde você utiliza plataformas como Google AdWords ou Facebook Ads para alcançar um público mais amplo.

Além desses esforços de marketing, o SEO desempenha um papel crucial em atrair visitantes para sua loja. O SEO envolve a otimização de sua loja e listagens de produtos para mecanismos de busca, de modo que quando as pessoas procuram produtos como os seus, elas encontram sua loja nos resultados da pesquisa. Isso pode envolver o uso de palavras-chave relevantes em suas descrições de produtos, otimização da estrutura do seu site para mecanismos de busca e a criação de conteúdo de qualidade que possa atrair links para seu site.

Em resumo, o marketing e o SEO são dois aspectos essenciais da gestão de uma bem-sucedida loja de dropshipping. Dominando essas habilidades, você pode atrair um fluxo constante de visitantes para sua loja, aumentar sua visibilidade online e, finalmente, aumentar suas vendas e lucros.

c. Especialização

No mundo do dropshipping, optar por se especializar em um produto ou nicho específico pode proporcionar uma vantagem competitiva significativa. Em vez de tentar vender de tudo para todos, a especialização permite que você se concentre nas necessidades específicas de seu público-alvo e se posicione como um especialista em sua área.

A especialização pode assumir várias formas. Por exemplo, você pode optar por se concentrar em um tipo específico de produto, como roupas de yoga sustentáveis, acessórios de fotografia vintage ou brinquedos educacionais para crianças. Concentrando-se em um tipo específico de produto, você pode aprofundar seu conhecimento sobre esse produto, entender o que faz um bom produto nesse nicho e selecionar os melhores produtos para sua loja.

Alternativamente, você pode optar por se especializar em um nicho de mercado específico. Por exemplo, você pode direcionar sua loja para entusiastas de yoga, fotógrafos amadores ou pais de crianças em idade pré-escolar. Ao se concentrar em um nicho de mercado específico, você pode compreender melhor as necessidades, desejos e desafios desse grupo e selecionar produtos que atendam especificamente a essas necessidades.

A especialização também pode ajudar você a se destacar da concorrência. Em um mercado lotado, ser visto como um especialista em uma área específica pode ajudar a conquistar a confiança dos clientes e construir uma marca sólida. Além disso, ao se concentrar em um nicho específico, você muitas vezes pode evitar a concorrência direta com grandes varejistas e sites de comércio eletrônico genéricos.

Em resumo, a especialização é uma estratégia poderosa para o sucesso no dropshipping. Ao optar por se concentrar em um produto ou nicho específico, você pode atender melhor seus clientes, se destacar da concorrência e posicionar sua loja para o sucesso a longo prazo.

d. Perspectiva de Longo Prazo

É importante entender que o dropshipping não é uma fórmula rápida para a riqueza. Assim como qualquer negócio, a construção de um negócio de dropshipping bem-sucedido requer tempo, paciência e perseverança. É essencial adotar uma perspectiva de longo prazo e não ficar desanimado se você não ver resultados imediatos.

O dropshipping, como qualquer outro negócio, tem seus próprios desafios e obstáculos. Pode haver períodos de vendas lentas, problemas com fornecedores, problemas técnicos com sua loja online e muitos outros desafios. No entanto, esses desafios não são insuperáveis. Com perseverança, aprendizado contínuo e disposição para ajustar e melhorar sua estratégia, você pode superar esses obstáculos e construir um negócio próspero.

Além disso, é importante não se concentrar apenas nas vendas a curto prazo. Embora gerar vendas seja importante, também é essencial construir relacionamentos de longo prazo com seus clientes. Isso pode envolver o fornecimento de excelente atendimento ao cliente, a criação de uma marca forte e a trabalhar na fidelização de clientes. Clientes fiéis que retornam repetidamente podem ser uma valiosa fonte de receita a longo prazo para seu negócio.

Por fim, é importante continuar aprendendo e crescendo como empreendedor. O mundo do comércio eletrônico e do dropshipping está sempre evoluindo, com novas tendências, ferramentas e estratégias surgindo regularmente. Ao acompanhar esses desenvolvimentos e buscar constantemente melhorar suas habilidades e conhecimentos, você pode garantir que seu negócio permaneça competitivo a longo prazo.

Em resumo, o sucesso no dropshipping requer uma perspectiva de longo prazo. Leva paciência, perseverança e uma disposição para aprender e se adaptar. Não desanime se você não ver resultados imediatos - com tempo e esforço, você pode construir um negócio de dropshipping próspero.

e. Atendimento ao Cliente Excepcional

No mundo do comércio eletrônico, um atendimento ao cliente excepcional não é apenas desejável, mas absolutamente essencial. Isso pode fazer a diferença entre uma empresa que sobrevive e uma empresa que prospera. Um atendimento ao cliente excepcional pode ajudar a construir uma boa reputação, fidelizar seus clientes e gerar negócios repetidos.

Um excelente atendimento ao cliente começa com comunicação clara e rápida. Os clientes apreciam respostas rápidas às suas perguntas ou preocupações. Seja por e-mail, chat ao vivo ou redes sociais, certifique-se de responder prontamente às solicitações dos clientes. Mesmo que você não possa resolver imediatamente um problema, uma resposta rápida informando o cliente de que você está trabalhando em sua solicitação pode ir longe na construção da confiança.

Resolver problemas de forma eficaz também é crucial. Isso pode envolver trabalhar com seus fornecedores para resolver problemas de entrega, gerenciar devoluções e reembolsos de forma justa ou oferecer soluções inovadoras para atender às necessidades específicas dos clientes. Lembre-se de que cada problema resolvido de maneira satisfatória pode transformar um cliente insatisfeito em um defensor de sua marca.

No entanto, um excelente atendimento ao cliente não se limita à gestão de problemas. Trata-se também de criar uma experiência positiva para seus clientes em cada etapa do processo de compra. Isso pode envolver a criação de descrições de produtos detalhadas e precisas, tornar o processo de pedido o mais simples e fluido possível e acompanhar com e-mails de agradecimento ou ofertas personalizadas após a compra.

Por fim, lembre-se de que o atendimento ao cliente é uma oportunidade de aprender com seus clientes. Os feedbacks e as opiniões dos clientes podem fornecer informações valiosas sobre seus produtos e sua loja, ajudando você a identificar áreas onde pode melhorar.

Em resumo, um atendimento ao cliente excepcional é um elemento-chave para o sucesso no dropshipping. Ao responder rapidamente às solicitações dos clientes, resolver problemas de forma eficaz e trabalhar constantemente para melhorar a experiência do cliente, você pode construir uma reputação sólida e fidelizar seus clientes para negócios repetidos.

f.   Evitar a Paralisia da Análise

No mundo do dropshipping, há uma infinidade de decisões a serem tomadas - qual nicho escolher, quais produtos vender, como comercializar sua loja e muito mais. Com tantas variáveis a considerar, é fácil cair na armadilha da "paralisia da análise", onde você gasta tanto tempo analisando e pensando em suas opções que acaba não fazendo nada.

É importante entender que a perfeição não é alcançável e que a incerteza faz parte do empreendedorismo. Claro, é importante fazer sua pesquisa e planejar com cuidado, mas em algum momento você precisa tomar uma decisão e agir. Seja escolhendo um produto, lançando uma campanha de marketing ou resolvendo um problema de atendimento ao cliente, a ação é frequentemente o melhor remédio contra a paralisia da análise.

Além disso, lembre-se de que os erros são uma parte inevitável e valiosa do processo de aprendizado. Cada erro ou fracasso é uma oportunidade de aprender e melhorar. Se uma abordagem específica não funcionar, você sempre pode ajustar sua estratégia e tentar algo novo. Na verdade, a capacidade de aprender rapidamente com seus erros e se adaptar é uma das habilidades mais valiosas que um empreendedor de dropshipping pode possuir.

Em resumo, não se deixe paralisar pela análise. Faça sua pesquisa, planeje com cuidado, mas não se esqueça de que a ação é a chave para o progresso. Tome decisões, aprenda com seus erros e não tenha medo de ajustar sua estratégia ao longo do caminho. Com essa abordagem, você pode continuar avançando, aprendendo e crescendo como empreendedor de dropshipping.

3.   Perguntas frequentes comuns

O dropshipping, como qualquer outro modelo de negócios, está cercado por muitas ideias errôneas e perguntas frequentemente feitas. Essas ideias errôneas frequentemente podem desencorajar novos empreendedores ou levá-los a tomar decisões com base em informações incorretas. Aqui estão algumas das ideias errôneas mais comuns sobre o dropshipping e a verdade por trás delas.

a.   O dropshipping não é rentável

Esta é provavelmente uma das ideias errôneas mais comuns sobre o dropshipping. A verdade é que, como qualquer outro negócio, a rentabilidade do dropshipping depende de muitos fatores, incluindo a seleção de produtos, estratégia de preços, gestão de custos e eficácia de marketing. Com a estratégia certa e uma execução eficaz, o dropshipping pode certamente ser um negócio muito rentável.

b. É tarde demais para começar com o dropshipping

Algumas pessoas pensam que, porque o dropshipping é um modelo de negócio popular, o mercado está saturado e é tarde demais para começar. No entanto, embora o dropshipping tenha se tornado mais competitivo ao longo dos anos, ainda há muitas oportunidades para aqueles dispostos a fazer a pesquisa necessária e encontrar nichos de produtos únicos. Além disso, o comércio eletrônico continua crescendo a cada ano, o que significa que mais e mais clientes fazem suas compras online.

c. O dropshipping é fácil

Outra ideia errônea comum é que o dropshipping é uma maneira fácil de ganhar dinheiro online. Embora o dropshipping tenha algumas vantagens, como a falta de necessidade de gerenciar um inventário físico, também possui seus próprios desafios. Isso requer pesquisa de mercado aprofundada, excelente gerenciamento de relacionamento com o cliente, uma estratégia de marketing eficaz e a capacidade de lidar com problemas logísticos e problemas de fornecedores.

d. Todos os produtos podem ser dropshippados

Embora o dropshipping ofereça grande flexibilidade em termos de tipos de produtos que você pode vender, nem todos os produtos são ideais para o dropshipping. Por exemplo, produtos muito pesados ou volumosos podem não ser rentáveis para dropshipar devido aos altos custos de envio. Da mesma forma, produtos que exigem muito suporte pós-venda ou suporte técnico podem também não ser ideais para o dropshipping.

Em resumo, é importante fazer sua própria pesquisa e compreender as realidades do dropshipping antes de começar. Com um bom entendimento do modelo de negócios e uma estratégia sólida, o dropshipping pode ser uma excelente maneira de iniciar um negócio online.

4.   Recursos adicionais

Para aprofundar ainda mais seus conhecimentos sobre dropshipping, SEO, marketing e outros aspectos do comércio eletrônico, aqui está uma lista de recursos valiosos online:

• **Blog da Shopify:** Para dicas sobre comércio eletrônico e dropshipping.

• **Blog da Moz:** Para aprender sobre SEO.

• **Blog da HubSpot:** Para marketing digital.

• **Blog da Ahrefs:** Outra excelente fonte de informações sobre SEO e marketing de conteúdo.

• **Blog de Neil Patel:** Para estratégias avançadas de marketing digital.

- **Ecommerce Fuel:** Para dicas sobre comércio eletrônico para empresas de 6 e 7 dígitos.

- **Blog da Oberlo:** Especificamente para dropshipping.

- **Ecommerce Bytes:** Para notícias e informações sobre comércio eletrônico.

- **Reddit r/dropship:** Um fórum comunitário para dropshippers.

- **Google Digital Garage:** Para cursos gratuitos sobre marketing digital.

- **Coursera e Udemy:** Para cursos online sobre comércio eletrônico, SEO e marketing.

- **Google Trends:** Para identificar tendências de produtos.

- **Centro de Dropshipping da AliExpress:** Para encontrar produtos para dropshipar.

- **Blog da DigitalMarketer:** Para estratégias avançadas de marketing digital.

- **Search Engine Journal:** Para dicas e notícias sobre SEO e SEM.

- **Social Media Examiner:** Para estratégias de marketing em redes sociais.

- **Blog da Kissmetrics:** Para informações sobre análise e rastreamento de dados.

- **Practical Ecommerce:** Para dicas práticas sobre comércio eletrônico.

- **Blog da Yotpo:** Para dicas sobre fidelização de clientes e avaliações.

- **Blog da Ecom Elites:** Para dicas sobre dropshipping e comércio eletrônico.

- **Reddit r/ecommerce:** Outro fórum comunitário para empreendedores de comércio eletrônico.

- **LinkedIn Learning:** Para cursos online sobre comércio

eletrônico, SEO e marketing.

• **Skillshare:** Para cursos online sobre uma variedade de tópicos relacionados ao comércio eletrônico.

• **Blog da Jungle Scout:** Para dicas sobre vender na Amazon.

• **Blog da SaleHoo:** Para dicas sobre dropshipping e vendas por atacado.

• **Blog da Ecomdash:** Para dicas sobre gestão de estoque e envio.

• **Insights da Alibaba:** Para informações sobre tendências de mercado e fornecedores.

• **Planejador de Palavras-chave do Google:** Para pesquisa de palavras-chave para SEO.

Esses recursos podem ajudá-lo a se manter atualizado com as últimas tendências e estratégias no mundo em constante evolução do comércio eletrônico.

◆ ◆ ◆

5. Conclusão

Em conclusão, o dropshipping é uma aventura empreendedora extraordinária, uma verdadeira odisseia no fascinante mundo do comércio eletrônico. É um negócio que pode ser iniciado com um investimento inicial modesto, mas tem o potencial de oferecer retornos impressionantes. É uma oportunidade única para mergulhar no mundo dinâmico do comércio eletrônico, descobrir novos mercados e conectar clientes de todo o mundo com os produtos que procuram.

Com este curso, você adquiriu uma gama de conhecimentos e habilidades valiosas. Você aprendeu como criar e gerenciar sua própria loja Shopify, como selecionar os produtos e fornecedores certos, como otimizar seu site para SEO, como implementar estratégias de marketing eficazes e muito mais.

E agora, chegou a hora! É hora de agir e iniciar seu próprio negócio de dropshipping. O mundo do comércio eletrônico aguarda com expectativa. Sim, é normal e até esperado ter medos e dúvidas ao empreender algo novo e desconhecido. Mas não deixe que esses medos o impeçam de realizar seus sonhos. Lembre-se, cada fracasso é um passo em direção ao sucesso, uma oportunidade de aprender, crescer e melhorar.

O dropshipping não é um esquema de riqueza rápida; é uma aventura que requer tempo, esforço e perseverança. Haverá desafios e obstáculos ao longo do caminho, mas com determinação e vontade de aprender, você pode superá-los. E, acima de tudo, não esqueça de se divertir no processo. Afinal, o empreendedorismo não se trata apenas de lucros, mas também de paixão e realização pessoal.

Celebre cada sucesso, seja ele pequeno ou grande. Cada venda, cada feedback positivo de um cliente, cada objetivo alcançado é uma validação do seu trabalho árduo e determinação. Esses momentos de sucesso são preciosos e merecem ser comemorados.

O mundo do comércio eletrônico está em constante evolução, com novas tendências, novas tecnologias e novas oportunidades surgindo o tempo todo. Para ter sucesso, é essencial manter a curiosidade, continuar aprendendo e se adaptar às mudanças.

A jornada para o sucesso no dropshipping pode ser um desafio, mas também é incrivelmente gratificante. Com os conhecimentos que você adquiriu neste curso, está perfeitamente preparado para iniciar sua jornada. Portanto, não hesite mais, dê o salto e siga seus sonhos empreendedores.

Estamos ansiosos para ver o que você vai realizar. Boa sorte e boa viagem nesta emocionante aventura!

GLOSSÁRIO

1. **Dropshipping:** Modelo de negócios em que o varejista não mantém os produtos em estoque, mas transfere os pedidos dos clientes para o fabricante ou outro varejista.
2. **Shopify:** Plataforma de comércio eletrônico que permite criar uma loja online e vender produtos.
3. **Nicho:** Segmento específico do mercado, caracterizado por um grupo-alvo particular ou um produto especializado.
4. **Fornecedor de dropshipping:** Empresa que produz e/ou armazena produtos e os envia diretamente ao cliente em nome do varejista de dropshipping.
5. **SEO (Otimização de Mecanismos de Busca):** Técnicas usadas para melhorar a classificação de um site nos resultados de busca dos motores de busca.
6. **Google Analytics:** Serviço gratuito do Google que permite rastrear e relatar o tráfego de um site.
7. **Pixel do Facebook:** Código colocado em um site para rastrear conversões de anúncios do Facebook, criar públicos para futuros anúncios e fazer remarketing para pessoas que já realizaram alguma ação no site.
8. **Marketing por e-mail:** Forma de marketing direto que usa e-mail para promover produtos ou serviços de uma empresa.
9. **Marketing de influência:** Forma de marketing social que utiliza endossos e menções de produtos por pessoas que têm um alto nível de seguidores nas redes sociais.

10. **Atendimento ao cliente:** Assistência e orientação que uma empresa fornece a quem compra ou usa seus produtos ou serviços.

11. **Valor Médio dos Pedidos (AOV):** Média do valor total gasto sempre que um cliente faz um pedido em um site ou aplicativo móvel.

12. **Taxa de conversão:** Percentagem de visitantes de um site que realizam a ação desejada.

13. **Remarketing:** Estratégia de marketing que visa pessoas que já visitaram seu site, mas não realizaram a ação desejada.

14. **Tendências do dropshipping:** Mudanças e evoluções no mundo do dropshipping que podem afetar como você gerencia seu negócio.

15. **Pagamento online:** Transação feita pela internet que envolve a troca de fundos eletrônicos.

16. **Envio:** Processo de envio de mercadorias do fornecedor para o cliente.

17. **Tema Shopify:** Modelo de design para lojas Shopify.

18. **Otimização da loja:** Processo de aprimoramento da eficiência e eficácia da loja online.

19. **Google Ads:** Plataforma de publicidade online onde os anunciantes pagam para exibir anúncios, anúncios de serviços, produtos, vídeos, etc.

20. **Facebook Ads:** Plataforma de publicidade que permite às empresas criar anúncios direcionados para alcançar diferentes públicos.

21. **Instagram Ads:** Anúncios que aparecem no Instagram e podem ser direcionados com base em vários fatores demográficos e comportamentais.

22. **Publicidade paga:** Forma de publicidade em que as empresas pagam para exibir seus anúncios em várias plataformas.

23. **Devoluções:** Processo pelo qual os clientes devolvem produtos que compraram.

24. **Reembolsos:** Devolução de dinheiro a um cliente

após uma devolução de produto ou insatisfação.

25. **Avaliações dos clientes:** Feedback deixado pelos clientes sobre os produtos ou serviços que compraram.

26. **Upselling:** Técnica de vendas em que o vendedor incentiva o cliente a comprar um produto mais caro, uma atualização ou outro item para tornar a venda mais lucrativa.

27. **Cross-selling:** Técnica de vendas em que o vendedor incentiva o cliente a comprar produtos complementares ou relacionados.

28. **Análise de desempenho:** Processo de avaliação da eficácia e eficiência de uma empresa.

29. **Gestão de crescimento:** Estratégias e práticas para gerenciar e sustentar o crescimento de uma empresa.

30. **Desafios de gerenciamento:** Problemas e obstáculos enfrentados pelos gerentes ao dirigir uma empresa.

31. **Tendências de mercado:** Movimentos e evoluções do mercado que podem afetar uma empresa.

32. **Estratégia de marketing:** Plano de ação projetado para promover e vender produtos ou serviços.

33. **Marketing nas redes sociais:** Uso de plataformas de mídia social para promover um produto ou serviço.

34. **Política de devolução:** Regras e procedimentos estabelecidos por uma empresa para gerenciar a devolução de produtos pelos clientes.

35. **Gerenciamento de reembolsos:** Processo de devolução de dinheiro a um cliente após uma devolução de produto ou insatisfação.

36. **Gerenciamento de avaliações dos clientes:** Processo de coleta, gerenciamento e resposta às avaliações deixadas pelos clientes.

37. **Inventário:** Quantidade total de bens e/ou materiais que uma empresa tem em estoque em um determinado momento.

38. **Produtos de alta margem:** Produtos que geram uma margem de lucro elevada em relação ao seu custo.

39. **Produtos de baixa margem:** Produtos que geram uma margem de lucro baixa em relação ao seu custo.

40. **Produtos em tendência:** Produtos que estão atualmente populares ou na moda.

41. **Produtos sazonais:** Produtos que são populares ou em demanda durante determinadas estações ou períodos do ano.

42. **Produtos atemporais:** Produtos que mantêm sua popularidade e demanda ao longo do tempo, independentemente de tendências ou estações.

43. **Produtos de nicho:** Produtos destinados a atender a um segmento de mercado específico ou grupo-alvo.

44. **Produtos de massa:** Produtos destinados a atender a um público amplo ou a um grande segmento de mercado.

45. **B2B (Business to Business):** Transações comerciais entre duas empresas, como entre um fabricante e um atacadista, ou entre um atacadista e um varejista.

46. **B2C (Business to Consumer):** Transações comerciais entre uma empresa e um consumidor final.

47. **C2C (Consumer to Consumer):** Transações comerciais entre dois consumidores, geralmente facilitadas por uma plataforma intermediária.

48. **E-commerce:** Atividade de compra ou venda de bens ou serviços online.

49. **M-commerce:** Compra e venda de bens e serviços por meio de dispositivos móveis sem fio.

50. **Logística:** Gestão do armazenamento e distribuição de bens.

51. **Custos de envio:** Custo associado ao envio de um item de um local para outro.

52. **Entrega gratuita:** Serviço de envio em que a empresa

absorve os custos de envio, para que o cliente não precise pagar pelo envio.

53. **Entrega expressa:** Serviço de envio rápido que garante a entrega dos produtos em um prazo mais curto do que a entrega padrão.

54. **Entrega padrão:** Serviço de envio que não oferece entrega rápida, mas geralmente é mais barato que a entrega expressa.

55. **Entrega agendada:** Serviço de envio em que o cliente escolhe uma data de entrega futura.

56. **Entrega em ponto de coleta:** Serviço de envio em que o cliente retira seu pedido em um local específico em vez de receber em casa.

57. **Entrega em domicílio:** Serviço de envio em que os produtos são entregues diretamente na residência do cliente.

58. **Compre e Retire:** Serviço em que os clientes podem comprar produtos online e retirá-los na loja.

59. **Marketplace:** Plataforma online onde produtos de diferentes vendedores são vendidos.

60. **Provedor de serviços de pagamento:** Empresa que fornece serviços de processamento de pagamentos online para comerciantes.

61. **Pagamento seguro:** Pagamento feito por meio de um sistema que protege as informações do cartão de crédito e outros dados sensíveis.

62. **Pagamento parcelado:** Opção de pagamento que permite aos clientes pagar por suas compras em várias parcelas ao longo de um período.

63. **Pagamento na entrega:** Opção de pagamento em que o cliente paga pelos produtos no momento da entrega.

64. **Pagamento na compra:** Opção de pagamento em que o cliente paga pelos produtos no momento do pedido.

65. **Pagamento diferido:** Opção de pagamento que

permite aos clientes receber um produto antes de pagá-lo.

66. **Cartão de crédito:** Forma de pagamento que permite que os titulares paguem por bens e serviços com base na promessa de pagamento.

67. **Paypal:** Serviço de pagamento online que permite a indivíduos e empresas transferir fundos eletronicamente.

68. **Transferência bancária:** Transferência de fundos de uma conta bancária para outra.

69. **Cheque:** Documento que ordena a um banco pagar uma quantia específica da conta do redator do cheque a uma pessoa ou empresa.

70. **Criptomoeda:** Tipo de moeda digital que usa criptografia para proteger transações e controlar a criação de novas unidades.

71. **Carrinho de compras:** Interface em um site de comércio eletrônico que permite aos usuários adicionar itens que desejam comprar.

72. **Página do produto:** Página em um site de comércio eletrônico que fornece detalhes sobre um produto específico.

73. **Página inicial:** Primeira página que um visitante vê ao acessar um site.

74. **Página de categoria:** Página em um site de comércio eletrônico que exibe uma lista de produtos de uma determinada categoria.

75. **Página de contato:** Página em um site que fornece informações sobre como entrar em contato com a empresa.

76. **Página "Sobre":** Página em um site que fornece informações sobre a empresa.

77. **Blog:** Seção de um site que contém artigos, geralmente escritos pela empresa ou pelo proprietário do site.

78. **Newsletter:** Boletim informativo regular enviado

por e-mail aos assinantes.

79. **Pop-up:** Tipo de janela que se abre sem interação do usuário ao visitar um site.

80. **Banner:** Grande painel de publicidade colocado em um site.

81. **Slider:** Elemento gráfico que exibe vários elementos (geralmente imagens) em uma sequência rotativa.

82. **Rodapé:** Seção na parte inferior de uma página de site que geralmente contém informações como os detalhes da empresa, links para políticas da empresa, etc.

83. **Cabeçalho:** Seção na parte superior de uma página de site que geralmente contém o logotipo da empresa, o menu de navegação, etc.

84. **Menu de navegação:** Barra de menu ou lista de links que ajuda os visitantes a navegar em um site.

85. **Filtros de pesquisa:** Ferramentas que ajudam os usuários a refinar os resultados de pesquisa em um site.

86. **Motor de busca interno:** Ferramenta que permite aos usuários pesquisar conteúdo específico em um site.

87. **Chat online:** Serviço que permite aos usuários comunicar em tempo real em um site.

88. **FAQ (Perguntas Frequentes):** Página em um site que contém respostas a perguntas frequentes.

89. **T&C (Termos e Condições):** Documento que define os termos e condições nos quais uma empresa vende seus produtos ou serviços aos clientes.

90. **Aviso Legal:** Informações exigidas por lei a serem fornecidas em um site, geralmente relacionadas à identidade da empresa, termos de uso do site, etc.

91. **Política de Privacidade:** Documento que explica como uma empresa coleta, usa e gerencia os dados dos usuários.

92. **Cookies:** Pequenos arquivos de dados armazenados

no computador de um usuário por um site, geralmente usados para rastrear as preferências do usuário e atividades de navegação.

93. **Back-office:** Parte de um sistema de informação empresarial usada para gerenciar operações não diretamente relacionadas aos clientes, como gestão de estoque e pedidos.

94. **Front-office:** Parte de um sistema de informação empresarial que gerencia interações diretas com os clientes, como o site da empresa e o atendimento ao cliente.

95. **CMS (Sistema de Gerenciamento de Conteúdo):** Software que permite aos usuários criar, gerenciar e editar o conteúdo de um site sem necessidade de conhecimentos técnicos especializados.

96. **CRM (Gestão de Relacionamento com o Cliente):** Software que ajuda empresas a gerenciar e analisar as interações com seus clientes.

97. **ERP (Planejamento de Recursos Empresariais):** Software que ajuda empresas a gerenciar e integrar partes importantes de seus negócios.

98. **PIM (Gestão de Informações de Produto):** Software que ajuda empresas a gerenciar todas as informações necessárias para comercializar e vender produtos.

99. **DMP (Plataforma de Gerenciamento de Dados):** Plataforma que coleta, organiza e ativa dados de diferentes fontes.

100.   **KPI (Indicador Chave de Desempenho):** Medida usada para avaliar o sucesso de uma organização ou atividade específica.